Dimana

NUEVO COMPAÑEROS

Francisca Castro • Ignacio Rodero • Carmen Sardinero • Begoña Rebollo

1

Cuaderno de ejercicios

ele
Español Lengua Extranjera

SGEL

Primera edición, 2021
Segunda edición, 2022

Produce: SGEL Libros
Avda. Valdelaparra, 29
28108 Alcobendas (Madrid)

Dirección editorial: Javier Lahuerta
Coordinación editorial: Jaime Corpas
Edición: Yolanda Prieto
Corrección: Belén Cabal
Explotación didáctica vídeos: Anna Méndez

Diseño de cubierta: Violeta Cabal
Fotografías de cubierta: Shutterstock
Diseño de interior: Verónica Sosa
Maquetación: Lanchuela

Ilustraciones: ÁNGELES PEINADOR: pág. 8 (ej8); pág. 19 (ej. 5); pág. 21 (ej. 7); pág. 25 (ej. 2); pág. 27 (ej. 6 y ej. 3); pág. 32 (ej. 1); pág. 33 (ej. 4); pág. 35 (ej. 6); pág. 42 (ej. 5); pág. 43 (ej. 10); pág. 44 (ej. 1); pág. 51 (ej. 3); pág. 53 (ej. 1); pág. 63 (ej. 7); pág. 65 (ej. 1). JOSÉ RUBIO: pág. 9 (ej. 1); pág. 10 (ej. 1); pág. 23 (ej. 2); pág. 30 (ej. 1); pág. 39 (ej. 1); pág. 40 (ej. 4); pág. 50 (ej. 10); pág. 57 (ej. 8); pág. 58 (ej. 1); pág. 81 (ej. 2); pág. 86 (ej. 3). SHUTTERSTOCK: resto de ilustraciones.

Fotografías: CORBIS IMAGES: pág. 40 (fotos de Pablo Picasso, Salvador Dalí, Sherlock Holmes, Albert Einstein e Isabel Allende). DREAMSTIME: pág. 31 (ej. 1). GTRESONLINE: pág. 87 foto de Gabriel García Márquez. INGIMAGE: pág. 4 foto bolígrafo y fotos 1, 5, 6 y 8; pág. 7; pág. 8 (ej. 9); pág. 34; pág. 59 (ej. 1); pág. 61 (ej. 4). SHUTTERSTOCK: resto de fotografías, de las cuales, solo para uso de contenido editorial: pág. 26 foto ej. 4 (Neme Jiménez / Shutterstock.com); pág. 40 fotos de Pelé (360b / Shutterstock.com), Ronaldo (Natursports / Shutterstock.com), Valentino Rossi (Rainer Herhaus / Shutterstock.com), Fernando Alonso (Jaggat Rashidi / Shuttterstock.com) y Beyoncé (Tinseltown / Shutterstock.com); pág. 55 foto 10 (Igor Bulgarin / Shutterstock.com); pág. 62 foto Alcázar (Renata Sedmakova / Shutterstock.com); pág. 66 foto inferior izquierda (Evgeniya Telennaya / Shutterstock.com); pág. 67 fotos de la Sagrada Familia (dimbar76 / Shutterstock.com), el Puerto (Iakov Filimonov / Shutterstock.com), el Camp Nou (Iakov Filimonov / Shutterstock.com), el Mercado de la Boquería (Kaesler Media / Shutterstock.com), la Catedral (Rodrigo Garrido / Shutterstock.com), Las Ramblas (peresanz / Shutterstock.com), el Barrio Gótico (lornet / Shutterstock.com), la Pedrera (nito / Shutterstock.com) y el Museo Nacional del Arte de Cataluña (Brian Kinney / Shutterstock.com); pág. 71 foto superior izquierda (R. M. Nunes / Shutterstock.com); pág. 80 foto 2 (Ev. Safronov / Shutterstock.com)

Las fotos de las páginas 88-92 son capturas de los vídeos de *Nuevo Compañeros*.
Para cumplir con la función educativa del libro se han empleado algunas imágenes procedentes de internet (cuadros del ej. 2 en la pág. 75).

Audio: Cargo Music

ISBN: 978-84-17730-46-8
Depósito legal: M-14884-2021
Printed in Spain – Impreso en España
Impresión: Gómez Aparicio Grupo Gráfico

Contenidos

¡Hola!

1

VOCABULARIO

• Objetos de clase • Nombres de las letras

1 Separa los nombres de los objetos de tu clase y escríbelos.

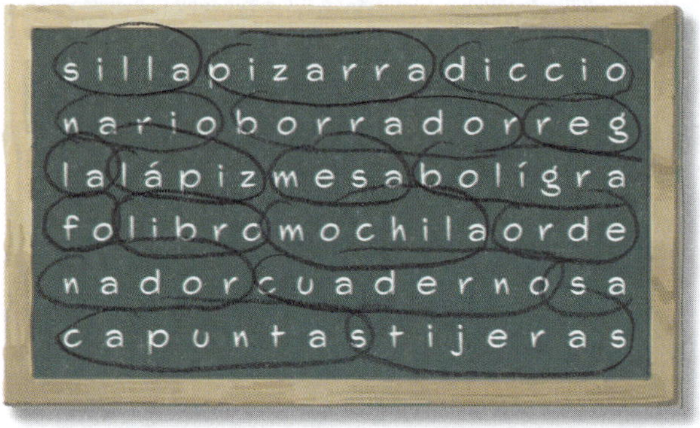

1 la silla
2 la pizarra
3 el diccionario
4 el borrador
5 la regla
6 el lápiz
7 la mesa
8 el bolígrafo
9 el libro
10 la mochila
11 el ordenador
12 el cuaderno
13 el sacapuntas
14 las tijeras

2 Escribe el artículo y el nombre que corresponde a cada foto.

el bolígrafo

1 la mochila

2 el diccionario

3 la mesa

4 la silla

5 las tijeras

6 el sacapuntas

7 la pizarra

8 el ordenador

9 el cuaderno

3 Deletrea.

JIMÉNEZ | ÁLVAREZ | MÉXICO | HARO | HERVÁS | RIBERA

4 Completa las frases con las siguientes palabras.

~~página~~ • ~~repetir~~ • dice • ~~deletrea~~

1 • ¿Cómo se deletrea «tijeras»?
▪ Te-i-jota-e-erre-a-ese.

2 • ¿Puedes repetir, por favor?
▪ Sí, claro.

3 • ¿Cómo se dice «pizarra» en tu idioma?
▪ Se dice «blackboard».

4 • ¿En qué página estamos?
▪ Estamos en la página 6.

5 **Escribe preguntas para estas respuestas.**

1 • ¿Puedes repetir, por favor?
■ Sí, por supuesto. Silla… silla.

2 • ¿En que página estamos?
■ Estamos en la página 7.

3 • ¿Cómo se dice «ruller» en español?
■ Se dice «regla» en español.

4 • ¿Cómo se deletrea «Emeocehacheiella»?
■ Eme-o-ce-hache-i-ele-a.

6 **Fíjate en el mapa y completa las presentaciones de los chicos.**

1 ¡Hola!, ¿Que tal? Me llamo Nuria y tengo trece años. Soy de Barcelona.
2 ¡Hola!, Me llamo Daniel y tengo doce años. Soy de Sevilla.
3 ¡Hola!, yo me llamo Celia, tengo doce años y soy de Madrid.
4 ¡Hola!, yo me llamo Vicente, tengo quince años y soy de Valencia.
5 ¡Hola!, me llamo Carmen, tengo catorce años y soy de La Coruña.
6 ¡Hola!, ¿Que tal? Me llamo Arantxa, tengo trece años y soy de Vitoria.

GRAMÁTICA

• Verbos *ser* y *llamarse* (formas singulares) • Artículos determinados) • Masculino y femenino • La *h*

1 Completa la tabla.

	ser	llamarse
yo	soy	me llamo
tú	eres	te llamas
él / ella / Ud.	es	se llama

2 Completa las frases con la forma correspondiente del verbo *ser*.

Yo **soy** español.

1 Tú eres estudiante.

2 Ella es profesora.

3 La mesa es grande.

4 El gato es negro.

5 Él es argentino.

3 Completa las frases con la forma correspondiente del verbo *llamarse*.

¿Cómo **te llamas**? (tú)

1 Yo te llamas Pedro.
2 Ella se llama Cristina.
3 El profesor se llama Miguel.
4 ¿Tú te llamas Carmen?
5 Él se llama Manuel.

4 Relaciona.

1 [d] Hola, ¿qué tal?
2 [a] ¿Cómo te llamas?
3 [e] ¿Eres española?
4 [f] ¿Cuál es tu número de teléfono?
5 [c] ¿Cuántos años tienes?
6 [b] ¿Eres profesor?
7 [g] ¿Eres brasileño?

a Jorge.
b No, soy camarero.
c Veinte.
d Bien, ¿y tú?
e No, soy francés.
f El 687 234 590.
g No, soy italiana.

5 Completa los huecos con el verbo adecuado.

1 Me llamo Pablo, tengo doce años y soy madrileño.
2 Yo me llama María, tengo once años y soy colombiana, de Bogotá.
3 Este es mi amigo Diego. Tengo doce años y soy andaluz, de Córdoba.
4 Esta es mi amiga Fátima. Tengo once años y soy marroquí, de Rabat.
5 Esta es mi profesora de Inglés. Soy Susan y soy norteamericana.
6 Mi profesor de Ciencias se llama Carlos, tengo veinticinco años y es catalán, de Barcelona.

6 Ordena las frases.

Muy bien

¿ / español / eres / tú / ?
¿Tú eres español?

1 profesora / Rosa / se llama / la
La profesora se llama Rosa.
2 es / ventana / la / grande
la ventana es grande
3 Pedro / yo / me / llamo
Yo me llamo Pedro
4 catorce / tengo / años
Tengo catorce años
5 argentino / compañero / es / mi
Mi compañero es argentino
6 ¿ / años / cuántos / tienes / ?
¿Cuántos años tienes?
7 ¿ / compañero / se / cómo / tu / llama / ?
¿Cómo se llama tu compañero?
8 Ángel / y / amigos / llaman / mis / Alicia / se
Mis amigos se llaman Angel y Alicia.
9 profesora / profesor / llama / se / mi / y / Carlos / Ana / mi / se / llama
Mi Profesor se llama Carlos y mi profesora se llama Ana.

7 Forma el femenino.

el mono	*la mona*
1 el profesor	la profesora
2 el compañero	la compañera
3 el alumno	la alumna
4 el cantante (singer)	la cantanta
5 el director	la directora
6 el perro	la perra
7 el estudiante	la estudiante
8 el niño	la niña

8 Escribe el artículo *el / la*.

la casa

1 el limón

2 la mesa

3 el libro

4 la naranja

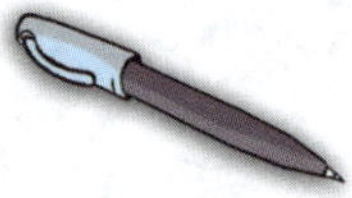

5 la ventana

6 el bolígrafo

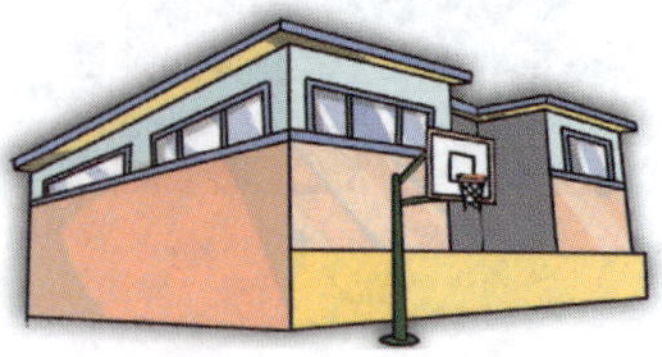

7 el colegio

8 el autobús

9 el balón

10 el coche

9 Escribe la forma opuesta, femenina o masculina.

Mi profesor es simpático.

Mi profesora es simpática.

1 Este camarero es inglés.
Esta camarera es inglesa.

2 Mi gato es negro.
Mi gata es negra.

3 Mi compañera se llama Rosa.
Mi compañero se llama Pablo.

4 La doctora es muy alta.
el doctor es muy alto.

5 El león es bastante grande.
La leona es bastante grande.

6 Mi amiga Ida es peruana.
Mi amigo Lucho es peruano.

7 Este mono es inteligente.
Esta mona es inteligente.

10 Subraya la palabra correcta.

1 Mi **profesor / profesora** se llama Isabel.

2 Juan Martínez es **el director / la directora** de mi colegio.

3 Mi **compañero / compañera** Carmen es muy guapa.

4 **El gato / La gata** es blanca.

5 Mi **amigo / amiga** Elisa es **argentina / argentino**.

11 Escribe la *h* cuando sea necesario.

1 El h ospital es nuevo.

2 ¿Eres ___ argentina?

3 Este h otel no es barato.

4 Mi h ermana es muy simpática.

5 Mis ___ abuelos viven en el campo.

6 Tus amigos son muy ___ amables. (hice)

7 La letra «h ache» no se pronuncia.

8 ¿Cuántos h ijos tiene Daniel?

COMUNICACIÓN

• Saludar • Pedir y dar información personal • Números del 1 al 20

1 Completa.

JORGE
¡Hola!, *me llamo* Jorge y *soy* español. *Tengo* quince años.

PABLO
¡Hola!, ¿qué tal? Yo soy Pablo y tengo doce años.

JULIA
¡Hola!, ¿qué tal? Me llamo Julia y tengo catorce años.

GRACIELA
¡Hola!, ¿qué tal? Yo ~~me~~ Soy Graciela y soy de argentina.

2 Clasifica en las columnas estos nombres y apellidos.

~~Carlos~~ • ~~Sofía~~ • ~~García~~ • ~~Arias~~ • ~~Hernández~~ • ~~Isabel~~
~~Alberto~~ • ~~Martínez~~ • ~~Elena~~ • ~~Andrea~~ • Irene • ~~López~~
~~Roberto~~ • ~~Diego~~ • ~~Yasmina~~ • ~~Díaz~~ • ~~Coral~~ • ~~Fuentes~~

NOMBRES		APELLIDOS
chicos	chicas	
Carlos Arias Alberto Roberto Diego	*Sofía* Isabel Elena Andrea Irene Yasmina Coral	*García* Hernandez Martinez Lopez Diaz Fuentes

3 Escribe los números.

1 uno
2 dos
3 tres
4 cuatro
5 cinco
6 seis
7 siete
8 ocho
9 nueve
10 diez

4 Escribe las preguntas.

¿Cuántos años tienes? • ¿Cómo te llamas?
¿Cuál es tu número de teléfono? • ~~Hola, ¿qué tal?~~

• *Hola, ¿qué tal?*
▪ Bien, ¿y tú?
1 • ¿Cuál es tu número de teléfono?
▪ Es el 920 37 58 17.
2 • ¿Cómo te llamas?
▪ Jorge Álvarez.
3 • ¿Cuánto años tienes?
▪ Doce.

5 Escribe los siguientes números en su lugar correspondiente.

~~trece~~ • ~~quince~~ • ~~catorce~~ • ~~diecinueve~~ • ~~once~~ • ~~veinte~~
~~dieciocho~~ • ~~dieciséis~~ • ~~doce~~ • ~~diecisiete~~

11 once
13 trece
15 quince
16 dieciseis
18 dieciocho
20 veinte
12 doce
14 catorce
17 diecisiete
19 diecinueve

DESTREZAS

• Mis compañeros de clase

Leer

1 Lee los textos.

MARTA (MADRID)

Esta es mi clase de judo. Es muy grande porque hay muchos alumnos, más de 30. El profesor de judo se llama Antonio Martín, tiene 20 años y es muy serio. Es de Madrid. Yo me llamo Marta y tengo 12 años. Mi compañera se llama Celia y también tiene 12 años.

MARCELO (CARACAS)

Esta es mi clase. No es grande, pero a mí me gusta mucho. La profesora se llama Elena Sandoval, tiene 22 años y es simpática. En la clase hay 30 alumnos. Yo me llamo Marcelo y tengo 13 años. Mi compañero se llama Fernando y también tiene 13 años.

2 ¿Verdadero (V) o falso (F)?

1 [V] En la clase de judo hay 30 alumnos.
2 [F] El profesor de judo es simpático.
3 [V] La compañera de Marta se llama Celia.
4 [F] La compañera de Marcelo se llama Elena Sandoval.
5 [F] Marcelo tiene 12 años.
6 [V] La profesora de Marcelo es simpática.

Escuchar

3 Escucha y completa con números.

1 Yo tengo ________ años y mi número de teléfono es el ________________.
2 Marcelo tiene ________ años y su número de teléfono es el ________________.
3 Daniel Martínez tiene ________ años y su número de teléfono es el ________________.

Escribir

4 Describe tu clase como Marta y Marcelo.

Esta es mi clase de español. No es grande, no hay ni 20 alumnos. La profesora se llama Aránzazu Gonsalez y es muy sipática. Yo me llamo Dimana y tengo 15 años. Mi compañera se llama Mariana y también 15 años.

Simpática

Países de habla hispana

2

VOCABULARIO

• Países hispanohablantes • Adjetivos de nacionalidad • Días de la semana • Números ordinales • Asignaturas

1 **Escribe los nombres de los países de habla hispana en América Central.**

1 Honduras
2 Guatemala
3 El salvador
4 Nicaragua
5 Costa Rica
6 Panamá

2 **Relaciona los países con sus nacionalidades.**

Países

1 [f] Costa Rica

2 [e] El Salvador

3 [d] Guatemala

4 [a] Honduras

5 [b] Nicaragua

6 [h] Panamá

7 [i] Cuba

8 [c] República Dominicana

9 [j] Puerto Rico

10 [g] México

Nacionalidades

a hondureño/-a
b nicaragüense
c dominicano/-a
d guatemalteco/-a
e salvadoreño/-a
f costarricense
g mexicano/-a
h panameño/-a
i cubano/-a
j puertorriqueño/-a

3 **Encuentra en la sopa de letras los siete días de la semana.**

J	I	K	R	L	A	M	B	D	U
U	E	G	U	I	N	Ñ	P	I	R
E	M	I	É	R	C	O	L	E	S
V	I	Y	V	Z	X	A	U	R	Á
E	U	W	A	Y	A	C	N	S	B
S	F	H	S	T	J	U	E	N	A
C	O	Q	T	V	A	T	S	E	D
X	A	V	I	E	R	N	E	S	O
B	D	F	H	A	N	U	J	E	S
A	D	O	M	I	N	G	O	N	O

4 **Escribe los días de la semana en su orden correcto.**

1 lunes 18
2 martes 19
3 miércoles 20
4 jueves 21
5 viernes 22
6 sábado 23
7 domingo 24

5 **Completa el horario utilizando las siguientes palabras.**

Informática • Francés • Matemáticas • Educación Física • Español
Inglés • Educación Plástica • Ciencias Sociales • Música • Ciencias Naturales

	lunes	martes	miércoles
1.ª	Francés	 [5] Música	Español
2.ª	C. Naturales	 [6] Educación Plástica	Inglés
3.ª	 [1] Matematicas	 [7] Ciencias Naturales	Matemáticas
4.ª	 [2] Ciencias Sociales	 [8] Informatica	E. Plástica
5.ª	 [3] Español	 [9] Educacion Fisica	C. Naturales
6.ª	 [4] Inglés	Matemáticas	 [10] Frances

6 **Mira el horario del ejercicio anterior y completa las frases.**

1 La sexta clase del miércoles es frances.
2 Inglés es la sexta clase del lunes.
3 La quinta clase del lunes es español.
4 Informática es la cuarta clase del martes.
5 La segunda clase del martes es educación plastica.
6 Ciencias Sociales es la cuarta clase del lunes.

7 **¿Qué palabra no pertenece al grupo?**

1 lunes • regla • jueves • domingo
2 segunda • cuarto • cinco • séptima
3 estudiante • clase • profesor • compañera
4 francés • libro • pizarra • diccionario
5 Matemáticas • Español • Inglés • Laura
6 Español • Inglés • Francés • Matemáticas

8 **Lee sobre Juan y Tamara y, después, completa la tabla.**

Juan

Me llamo Juan y soy dominicano. Vivo en Santo Domingo y tengo 13 años. Vivo con mi familia y nuestro perro. La asignatura de Ciencias Sociales es mi favorita.

Tamara

Me llamo Tamara y soy mexicana. Vivo con mi familia en Acapulco, en la costa oeste de México. Tengo 12 años y mi asignatura favorita es Informática.

	JUAN	TAMARA
(country) **País**	Republica dominicana	Mexico
Nacionalidad	dominicano	mexicana
(living) **Edad**	13	12
Asignatura favorita (favourite class)	Ciencias Sociales	Informatica

GRAMÁTICA

• Verbo *ser* (formas plurales) • Plural de nombres y adjetivos • Demostrativos • Interrogativos

1 Completa el presente del verbo *ser*.

	ser
yo	*soy*
tú	eres
él / ella / Ud.	es
nosotros/as	somos
vosotros/as	sois
ellos / ellas / Uds.	son

2 Escribe frases con el verbo *ser*, utilizando las siguientes palabras.

(nosotros) / estudiantes *Somos estudiantes.*

1 este / mi compañero
Eres mi compañero

2 mi coche no / blanco
Mi coche es no blanco

3 tú y tus amigos / de Brasil
Tu y tus amigos sois de Brasil

4 ¿de dónde / los vecinos nuevos? new neighbor
¿de donde sois los vecinos nuevos?

5 (yo) no / español
Yo ~~no~~ soy no español

6 ¿tú / profesor?
¿Tu eres profesor?

7 ¿Ana y Luisa / tus compañeras de clase?
¿Son Ana y Luisa tus compañeras de clase?

8 vosotras no / de esta clase
Vosotras no sois de esta clase

9 la clase de Español / mi favorita
La clase de Español es mi favorita

10 mi padre / español y mi madre / francesa
Mi padre es español y mi madre es francesa.

3 Forma conversaciones, como en el ejemplo.

¿español? (tú)
✔
¿De dónde?
Córdoba

- *¿Eres español?*
- *Sí.*
- *¿De dónde eres?*
- *Soy de Córdoba.*

1 ¿americano? (él)
✘ inglés
¿De dónde?
Manchester

- ¿Es americano?
- No, ~~soy~~ inglés
- ¿De donde es?
- Es de Manchester

2 ¿brasileños? (vosotros)
✘ mexicanos
¿De dónde?
Acapulco

- ¿Sois brasileños?
- No, ~~somos~~ mexicanos
- ¿De donde sois?
- Sois de Acapulco

3 ¿franceses? (ellos)
✔
¿De dónde?
París

- ¿Son franceses?
- Sí.
- ¿De donde son?
- Son de Paris

4 Relaciona.

1 [h] ¿Cuál es tu asignatura favorita?
2 [a] ¿De dónde sois?
3 [c] ¿Cómo se llaman tus padres?
4 [g] ¿De dónde eres?
5 [b] ¿Dónde vives?
6 [f] ¿Vamos a la biblioteca?
7 [e] ¿Hablas español?
8 [i] ¡Hola, buenos días!
9 [d] Hola, ¿cómo estás?

¡Muy bien!

a Él es argentino, y yo, española.
b En la calle Cervantes, 23.
c Jesús y Lourdes.
d Bien, ¿y tú?
e Sí, un poco.
f Vale, vamos.
g De Barcelona.
h Matemáticas.
i ¡Buenos días!

5 Preséntate.

¡Hola! Me llamo [1] Dimana.
Soy de [2] Bulgaria (ciudad y país).
Tengo [3] quince (edad).
Soy alumno del [4] ESF (instituto).
Mi profesor(a) de español se llama [5] Aránzazu González

6 Escribe el plural de las siguientes palabras y colócalas en el grupo correspondiente.

el partido · la botella · el ascensor · el limón · el país · la iglesia · el libro · la pared · el coche

+s	+es
el niño - los niños	el campeón - los campeones
el partido - los partidos	el ascensor - los ascensores
la botella - las botellas	el limon - los limonas
la inglesia - las inglesias	el país - los paises
el libro - los libros	la pared - las paredes
el coche - los coches	

7 Completa.

En la clase de español hay una televisión, quince estudiantes, quince mochilas, quince diccionarios, veinte sillas, una mesa para el profesor, varios mapas y muchos bolígrafos y lápices.

8 Completa la tabla y, a continuación, completa las frases.

argentina	argentino	argentinas	argentinos
española	españolo	españolas	españolos
chilena	chileno	chilenas	chilenos
cubana	cubano	cubanas	cubanos
mexicana	mexicano	mexicanas	mexicanos

1 Fidel y Violeta son de Ecuador, son ecuadorianos.
2 Efraín es de Venezuela, es venezulano.
3 Graciela y Elena son de Argentina, son argentinas.
4 Amanda es de Chile, es chilena.
5 Víctor y Miguel Ángel son de Santo Domingo, son dominicanos.
6 Ángela es de Panamá, es panameña.

9 **Primero completa con *esta / este*. Después, forma el plural, como en el ejemplo.**

este libro

estos libros

1 esto coche — estos coches
2 esta mesa — estas mesa
3 esta casa — estas casa
4 esto balón — estos balónes
5 esta silla — estas sillas

10 **Pon las frases en plural.**

Este boli es de Pablo.
Estos bolis son de Pablo.

1 Esta pintura es nueva.
Estas pinturas son nuevas

2 Esta manzana es roja.
Estas manzanas son rojas

3 Este libro es de Matemáticas.
Estes libros son de Matemáticas

4 Este chico es muy alto.
Estos chicos son muy altos

5 Esta chica es mi amiga.
Estas chicas son mi algos

6 Este estudiante es de Polonia.
Estos

11 **Subraya la forma correcta.**

¿**Es / Son** tu compañera?
1 **Soy / Somos** el capitán.
2 Hoy **son / es** lunes.
3 **Somos / Soy** estudiantes de español.
4 ¿**Eres / Sois** americanos?
5 Este **es / son** tu compañero nuevo.
6 **Eres / Sois** una buena tenista.
7 Mis profesores **es / son** españoles.
8 ¿Tus amigos **sois / son** buenos estudiantes?
9 ¿Tú de dónde **es / eres**?
10 Este coche no **son / es** tuyo.
11 ¿Este **es / son** tu horario?
12 Mis clases de español **son / es** a tercera hora.

12 **Corrige las frases. Hay más de una opción.**

1 Es una gata negro. — Es una gata negro
2 El coche es viejos. — El coche es viejo
3 ¿De dónde es tú? — ¿De donde eres?
4 ¿Cuántos años tienen Ana? — ¿Cuanto altos tiene Ana?
5 Es mis amigos. — Son mis amigos

13 **Escribe los interrogativos adecuados.**

1 ¿Cuanto años tienes?
2 ¿Donde vives?
3 ¿Cual deporte te gusta?
4 ¿_____ chicas hay en tu clase?
5 ¿_____ eres?
6 ¿_____ curso estudias?
7 ¿_____ te llamas?

14 **Completa con el verbo correspondiente *(llamarse, tener, vivir, ser)* en la forma adecuada.**

1 Yo _____ Antonio, _____ trece años, _____ español y _____ en Málaga.
2 Mi hermana _____ María, _____ quince años.
3 Este _____ mi amigo Carlos, _____ mi compañero de clase.
4 Estos _____ mis amigos Rodrigo y Pilar, no _____ en Madrid. _____ catalanes y _____ en Barcelona.
5 ¿Vosotros _____ compañeros de clase?
6 ¿Tú _____ hermanos?
7 ¿_____ diccionario? (vosotros)
8 ¿Dónde _____? (usted)

COMUNICACIÓN

• Pedir y dar información personal • Números del 21 al 100 • Hacer sugerencias

1 Escribe los números.

~~veintiocho~~ • ~~treinta y cinco~~ • ~~sesenta y seis~~ • ~~sesenta~~ • ~~cincuenta y nueve~~ • ~~cuarenta y dos~~ • setenta y cuatro • ~~noventa y uno~~ • ochenta y siete • ~~treinta y nueve~~

28 veintiocho
35 treinta y cinco
39 treinta y nueve
42 cuarenta y dos
59 cincuenta y nueve
60 sesenta
66 sesenta y seis
74 setenta y cuatro
87 ochenta y siete
91 noventa y uno

2 Completa la tabla.

+	cuarenta y tres	treinta y siete	dos
once	*cincuenta y cuatro*	cuarenta y ocho	trece
diecisiete	sesenta y uno	cincuenta y cuatro	diecinueve
veinte	sesenta y tres	cincuenta y siete	veintidos
ocho	cincuenta y tres	cuarenta y cinco	diez

3 Completa estas series.

dos, cuatro, ocho, *dieciséis*

1 noventa y nueve, ochenta y ocho, setenta y siete, sesenta y seis
2 setenta y dos, sesenta y tres, cincuenta y cuatro, cuarenta y cuatro
3 tres, cinco, siete, nueve
4 uno, ocho, dieciséis, veinticinco, treinta y cuatro
5 dos, cuatro, seis, ocho, diez
6 diez, veinte, treinta, cuarenta
7 diez, once, doce, trece

4 Completa la conversación.

• ¿Como te llamas?
▪ Sonia Pérez.
• ¿Quanto años tienes?
▪ Trece.
• ¿De donde eres?
▪ De Madrid.
• ¿Donde vives?
▪ En la calle Mayor, 16.
• ¿Cuál es tu numero de telefono?
▪ 91 543 78 96.

5 Escribe conversaciones, como en el ejemplo.

... a casa de Marcos (sí)
• *¿Vamos a casa de Marcos?*
▪ *Vale, vamos.*

... al partido de baloncesto (no)
• *¿Vamos al partido de baloncesto?*
▪ *No, al partido no.*

1 ... al cine (no)
• ¿Vamos al cine?
▪ No, al cine no

2 ... al polideportivo (sí)
• ¿Vamos al polideportivo?
▪ Vale, vamos

3 ... a Madrid (sí)
• ¿Vamos a Madrid?
▪ Vale, vamos

4 ... al teatro (no)
• ¿Vamos al teatro?
▪ No, al teatro no

DESTREZAS

• Una carta de presentación personal

Leer

1 Primero lee el correo de Pilar a su amiga Alice. Después, corrige las frases.

De: Pilar Sánchez

Para: Alice

¡Hola, Alice!

Me llamo Pilar. Tengo trece años y soy ecuatoriana. Vivo en Quito con mi familia.

Mis mejores amigos son Marcos y Lourdes. Me gusta mucho el deporte. Mi asignatura favorita es Educación Física. ¿Cuál es la tuya?

¡Hasta pronto!

Pilar

1 Pilar tiene doce años.
Pilar tiene trece años.

2 Vive en Quito con sus amigos.
Vive en Quito con su familia

3 Su mejor amigo se llama Antonio.
Sus mejores amigos se llaman Marcos y Lourdes

4 Su asignatura favorita es Música.
Su asignatura favorita es Educación Fisica

Escribir

2 Ahora completa este correo con tus datos.

¡Hola, Mariana!
Me llamo Dimana.
Vivo en Frankfurt con mi familia.
Mis mejores amigos son Magi y Raya
Me gusta mucho futbol.
Mi asignatura favorita es matematicas y bulgaro
¡Hasta pronto!
Dimana

Escuchar

3 Escucha la conversación entre Raquel y Tomás y completa la ficha de Tomás.

Nombre	*Tomás*
Edad	[1]
Asignatura favorita	[2]
Deporte favorito	[3]
Días de Educación Física	[4]
Comida favorita	[5]

La familia

3

VOCABULARIO

• Parientes

1 **Completa el árbol genealógico de Antonio. Utiliza las siguientes palabras.**

tío/-a • hermano/-a • primo/-a
abuelo/-a • padre / madre

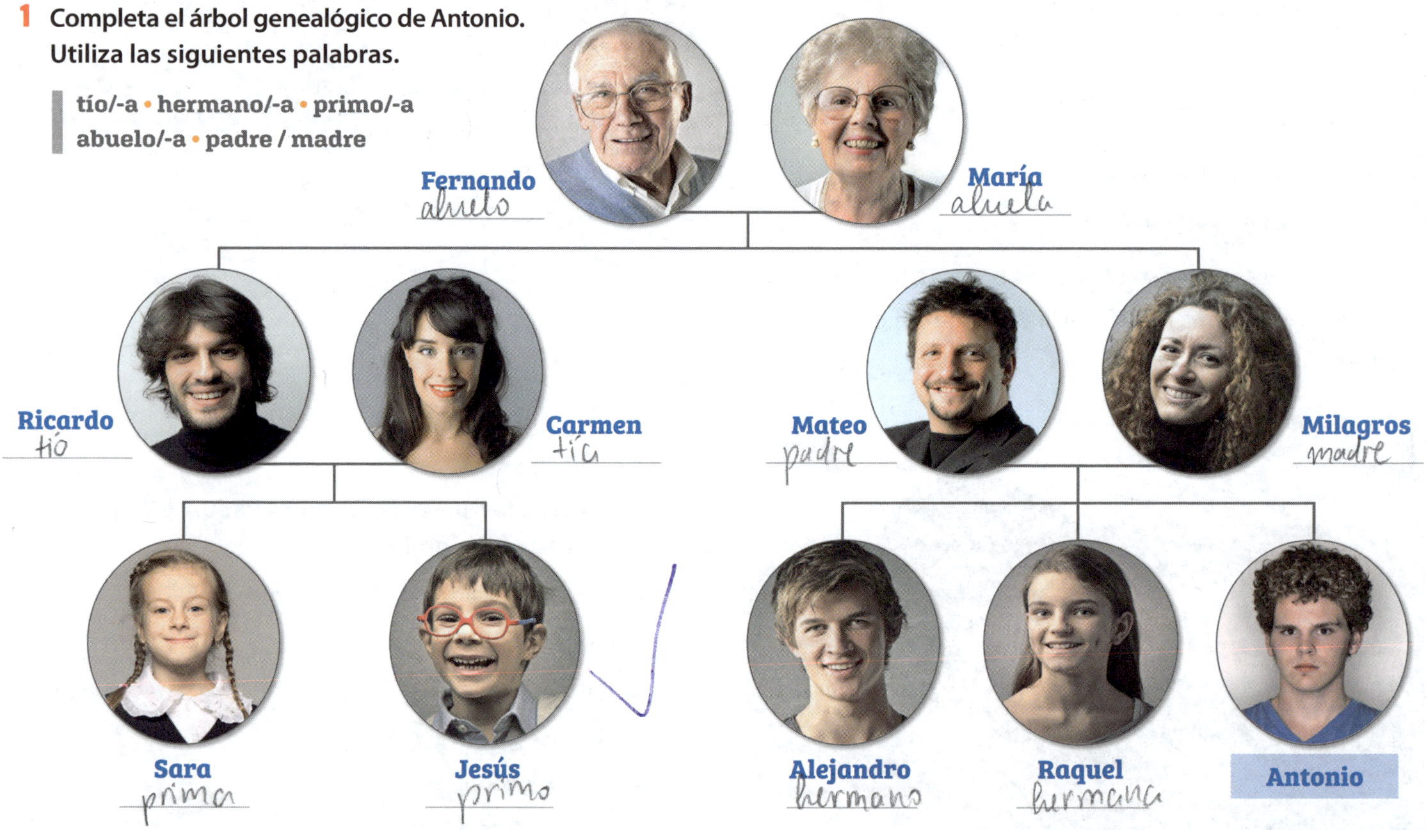

2 **Completa las frases de la familia de Antonio.**

Raquel es *la hermana* de Antonio.

1 Mateo es el padre de Antonio.
2 Fernando es el abuelo de Antonio.
3 Jesús es el primo de Antonio.
4 María es la abuela de Antonio.
5 Alejandro es el hermano de Antonio.
6 Sara es la prima de Antonio.
7 Carmen es la tía de Antonio.
8 Milagros es la madre de Antonio.
9 Ricardo es el tío de Antonio.
10 Alejandro es el hermano de Ricardo.
11 Sara y Jesús son primas de Fernando y María.
12 Mateo y Milagros son marido y mujer.

3 **Ahora completa las frases con los nombres del árbol genealógico del ejercicio 1.**

Ricardo es el tío de Antonio.

1 Mateo y Milagros son los padres de Antonio.
2 Carmen es la mujer de Ricardo.
3 Fernando es el marido de María.
4 Alejandro, Raquel y Antonio son los hijos de Mateo y Milagros.
5 Sara es la hija de Carmen y Ricardo.
6 Fernando y María son los abuelos de Antonio.
7 Jesús es el hijo de Ricardo.
8 Sara y Raquel son las nietas de Fernando y María, y Antonio, Alejandro y Jesús son los nietos.
9 Jesús es sobrino de Mateo y Milagros.

4 Completa las frases con las siguientes palabras.

~~sobrino~~ • ~~sobrina~~ • ~~abuela~~ • ~~primo~~ • ~~tío~~ • ~~mujer~~

1 La madre de tu madre es tu abuela.
2 El hijo de mi tío es mi primo.
3 La hija de su hermano es su sobrina.
4 El hermano de mi padre es mi tío.
5 La mujer de mi hermano es la tía de mis hijos.
6 El hijo de mi hermana es mi sobrino.

5 Lee el siguiente texto sobre la familia de Manolito.

LA FAMILIA DE MANOLITO

Me llamo Manolito García Moreno, pero en el colegio me llaman Manolito Gafotas. Vivo en Carabanchel, Madrid. Me llamo Manolito como el camión de mi padre, y el camión se llama Manolito como mi padre. Mi padre se llama Manolo como su padre y así hasta el principio de los tiempos.
Mi abuelo vive con nosotros. Tenemos una habitación para los dos.
Miguel es mi hermanito pequeño. Mi madre nos quiere mucho a los dos.

(Adaptación de *Manolito Gafotas*, de Elvira Lindo).

6 Responde a las preguntas.

1 ¿Dónde vive Manolito?
Manolito vive en Carabanchel, Madrid.
2 ¿Quién es Miguel?
Miguel es el hermano de Manolito
3 ¿Cómo se llama el abuelo de Manolito?
El abuelo de Manolito se llama Manolo.
4 ¿Qué tiene el padre de Manolito?
El padre de Manolito tiene el camion.
5 ¿Quién comparte la habitación con Manolito?
el abuelo
6 ¿Dónde vive el abuelo de Manolito?
El abuelo de Manolito vive con ellos.

7 Completa el texto sobre tu familia.

Me llamo Dimana.
Vivo en Frankfurt.
Mi madre se llama Vessela.
Vivo con mi familia.

GRAMÁTICA

• Presente de los verbos regulares • Verbo *tener* • Posesivos

1 **Completa la tabla con el presente de estos verbos regulares.**

	trabajar	beber	escribir
yo	*trabajo*	*bebo*	*escribo*
tú	trabajas	bebes	escribes
él / ella / Ud.	trabaja	bebe	escribo
nosotros/-as	trabajamos	bebemos	escribimos
vosotros/-as	trabajais	bebéis	escribis
ellos / ellas / Uds.	trabajan	beben	escriben

2 **Ordena las frases.**

1 trabaja / padre / mi / mucho
Mi padre trabaja mucho.

2 beben / los / leche / niños
los niños beben leche

3 ¿ / lápiz / tú / con / escribes / ?
Con

4 ordenador / no / en / tengo / casa
No tengo ordenador en casa.

5 ¿ / tus / viven / dónde / primos / ?
¿Donde viven tus primos?

3 **Completa con la forma correspondiente de los verbos que aparecen entre paréntesis.**

Me llamo Pablo. Mi familia y yo [1] vivimos (vivir) en Zaragoza. Yo [2] tengo (tener) un hermano y una hermana. Mis padres [3] trabaja (trabajar) en una oficina. Mi hermano [4] estudias (estudiar) en la universidad y mi hermana y yo [5] estudiamos (estudiar) en el instituto. Yo [6] como (comer) con mi hermana en casa y mis padres [7] comen (comer) en el comedor de su empresa.

4 **Completa las preguntas.**

1 • ¿ Donde trabaja tu madre?
▪ En un banco.

2 • ¿ Donde vèveis vosotros?
▪ En la calle Mayor.

3 • ¿ Como se llama tu prima?
▪ Irene.

4 • ¿ Tienes hermanos?
▪ Sí, un hermano y una hermana.

5 • ¿ Donde viven tus abuelos?
▪ En un pueblo (village) cerca de Barcelona.

6 • ¿ Que comes ? (tú)
▪ Un bocadillo. (sandwich)

7 • ¿ Donde comeis hoy vosotros?
▪ En un restaurante.

5 **Completa con los siguientes verbos en la forma adecuada.**

~~trabajar~~ • escribir • ~~hablar (x2)~~ • ~~vivir~~
~~comer~~ • ~~llamarse~~ (x2) • tener (x4)

1 Mi madre se llama Elena, y mi padre, Juan.

2 Nosotros tenemos en casa dos gatos y una tortuga. (turtle)

3 ¿ Tienes animales en tu casa? (tú)

4 • ¿Qué escribo Isabel?
▪ Un correo electrónico a su amiga Sara.

5 • ¿Dónde viven Paco y Miguel?
▪ En Barcelona.

6 Mis hijos siempre comen en el comedor escolar.

7 Mi tío José habla tres idiomas: inglés, alemán y francés.

8 • ¿Cuántos hermanos tienes ? (tú)
▪ Dos.

9 ¿Usted tienen coche?

10 • ¿Dónde escribes ? (tú)
▪ En una empresa de ordenadores.

11 Yo hablo por teléfono con mi novio todos los días.

12 • ¿Cómo se llama tu novio?
▪ Javier.

6 **Completa las frases con la forma correspondiente del verbo *tener*.**

1 Yo tengo un coche nuevo.
2 ¿Tú tienes perro?
3 Ángel tiene un primo en Argentina.
4 Mi hermano y yo tenemos un gato.
5 ¿Vosotros tenéis clase mañana?
6 Pedro y Laura tienen una casa muy grande.

7 **Observa el dibujo y completa con el verbo *tener* y el nombre de un animal, como en el ejemplo.**

Yo ***tengo un conejo***.

1 Ana tiene una tortaga.

2 Juan tiene un pajaro

3 Lara y Pedro tienen un gato.

4 Mi hermano y yo tenemos un pascado.

5 La abuela tiene un perro y un gato.

8 **Escribe frases con el verbo *tener*, como en el ejemplo.**

yo / una bicicleta ***Yo tengo una bicicleta.***

1 mi hermano / un ordenador
____

2 vosotros / un diccionario de español
____

3 tú / unos patines
____

4 nosotros / un amigo en España
____

9 Relaciona.

1 las amigas de Elena c
2 mis amigos y los de Cristina g
3 tus amigos y los de Tomás b
4 el amigo de Irene f
5 mis amigas y las de mi hermana d
6 tus amigas y las de Ana a
7 los amigos de Laura h
8 la amiga de Carlos e

a vuestras amigas
b vuestros amigos
c sus amigas
d nuestras amigas
e su amiga
f su amigo
g nuestros amigos
h sus amigos

10 Sustituye la expresión entre paréntesis.

Jaime vive con (los padres de Jaime) ***sus padres*** en el sur de España.

1 Susana y (las hijas de Susana) sus hijas trabajan en un supermercado.
2 ¿(El perro de Ángel) Su perro come ensalada?
3 ¿Dónde está (el coche de usted) su coche?
4 ¿Cómo se llama (la profesora de Luis) su profesora?
5 Isabel y (el novio de Isabel) su novio estudian en el mismo instituto.

COMUNICACIÓN

• Hablar de la familia • La hora • El sonido /θ/

1 ¿Qué hora es? Dibuja las manecillas de los relojes.

1 Son las diez y diez.

2 Son las tres menos cuarto.

3 Son las siete y veinticinco.

4 Son las once menos diez.

5 Son las seis y cinco.

6 Son las cuatro y media.

2 **Escribe las horas.**

1 son las cinco menos veinte

2 son las uno en punto

3 son las ocho y cinco

4 son las dos y cuarto

5 son las uno y media

6 son las diez menos cuarto

3 **Pregunta y contesta a tu compañero sobre la programación de tarde de televisión, como en el ejemplo.**

CANAL	PROGRAMA	HORARIO
La 1	Nuestros chicos	17:30
Teledeporte	Baloncesto femenino: España - Portugal	19:15
Clan TVE	Gerónimo Stilton	18:20
Antena 3	Película: *Adú*	22:00
TeleMadrid	Baloncesto (basketball): Real Madrid - Barcelona	20:45

- *¿A qué hora es «Nuestros chicos»?*
- *A las cinco y media en La 1.*

1 • ¿A qué hora es «Baloncesto femenino»?
- A las diecinueve y cuarto en Teledeporte.

2 • ¿A qué hora es «Gerónimo Stilton»?
- A las dieciocho y veinte en Clan TVE

3 • ¿A qué hora es «Película: Adu»?
- A las diez en la Antena 3.

4 • ¿A qué hora es «Baloncesto: Real Madrid-Barcelona»?
- A las nueve menos cuarto en la TeleMadrid.

4 **Contesta a las siguientes preguntas con tus datos.**

1 ¿Cuántos años tienes?
Yo tengo quince años.

2 ¿De dónde eres?
Yo soy de Bulgaria.

3 ¿Tienes hermanos?
Yo tengo uno hermano.

4 ¿Cómo se llaman?
Se llama Daniel

5 ¿Cuántos años tienen?
Mi hermano tiene veintitrés años.

5 **¿Qué letra falta: *c* o *z*?**

1 Pierre, mira a la pi z arra.
2 ¿Te gusta el c ine?
3 Tengo una camiseta a z ul.
4 Mi hermana tiene on c e años.
5 Tus z apatos no están limpios.
6 Toma z umo de naranja.
7 A las c inco viene Juan.
8 Hoy tenemos clase de c iencias Naturales.
9 Me gustan las can c iones de amor.
10 Hoy comemos a las do c e y media.
11 Mis primos están en el z oo.
12 Yo estoy en el equipo de balon c esto.

DESTREZAS

• Ficha con información personal

Leer

1 **Lee la entrevista con Susana, completa la ficha con los datos personales y señala qué aficiones tiene.**

SECCIÓN 1

DATOS PERSONALES

Nombre:	Dimana
Apellido:	Paneva
Nacionalidad:	Bulgaria
Edad:	15
Vive en:	Frankfort
Estudia:	ESF
Hermanos:	1 hermano (Daniel)

SECCIÓN 2

AFICIONES

los animales	☒	los videojuegos	☐
la música	☒	las películas	☒
los libros	☒	el arte	☐
los deportes	☐	el baile	☐

- ¿Cómo te llamas?
- Me llamo Susana Fernández.
- ¿Cuántos años tienes?
- Tengo trece años.
- ¿De dónde eres?
- Soy de Toledo, España.
- ¿Qué estudias?
- Estudio 1.º de Secundaria.
- ¿Qué te gusta hacer?
- Me gusta leer, ir al cine y jugar con mi ordenador.
- ¿Y los deportes?
- No, no mucho.
- ¿Tienes hermanos?
- Sí, tengo un hermano.

Escuchar

2 3 **Escucha cómo se conocen Cristina y Gabi en una fiesta. ¿Las siguientes frases son verdaderas (V) o falsas (F)?**

1 ☐ Cristina y Gabi son argentinos.
2 ☐ Cristina vive en Lima.
3 ☐ Gabi vive con sus abuelos.
4 ☐ Cristina tiene un hermano.
5 ☐ Gabi tiene una hermana.
6 ☐ Gabi no baila muy bien.

Escribir

3 **Hazle una entrevista a tu compañero y completa en tu cuaderno una ficha personal como la del ejercicio 1 con sus datos.**

Comidas y bebidas

4

VOCABULARIO

• Alimentos • Comidas preparadas

1 Busca los nombres de estos alimentos en la sopa de letras.

Z	U	M	O	X	R	Z	P	T	B
A	P	S	O	I	L	R	L	Q	Z
N	P	Y	O	G	U	R	Á	T	S
A	E	G	A	L	L	E	T	A	S
H	A	Q	V	T	O	M	A	T	E
O	O	S	R	T	P	A	N	V	Z
R	R	X	P	O	L	L	O	L	Q
I	L	H	U	E	V	O	S	V	Z
A	A	L	P	C	Q	R	R	T	N
N	M	L	E	C	H	E	S	V	T

1 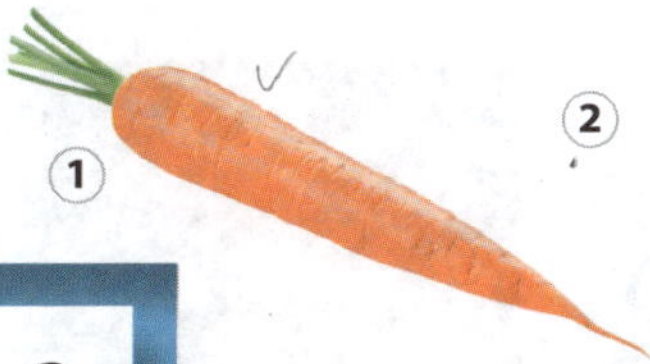

2 

3 

4 

5 

6 

7 

8 

9 

10 

2 Mira los dibujos y completa.

1 A Luis le gustan zanahorias, pescado, huevos.

2 A Clara le gustan pan, zanahorias, tomates, manzanas.

3 A José le gustan huevos, pasta, manzanas.

3 Escribe su nombre.

1 pescado

2 naranjas

3 zumo

4 pizza

5 agua

6 pasta

7 manzanas

8 queso

9 carne

10 pollo

4 Lee y contesta a las preguntas.

En España se pueden comprar casi todos los alimentos en un supermercado. En todas las ciudades hay supermercados, grandes y pequeños. Pero también hay mercados o galerías de alimentación. Dentro de cada mercado o galería de alimentación hay muchas pequeñas tiendas dedicadas a una clase de productos. Por ejemplo, en la carnicería venden carne de ternera, de cerdo, etc. En la pollería venden pollo, huevos, gallina, etc. En la frutería venden todo tipo de frutas y verduras. Otras tiendas son: pescadería, panadería, charcutería (donde venden queso, jamón, etc.)...
Además, en las ciudades pequeñas y en muchos pueblos hay un mercadillo al aire libre una vez a la semana. En este mercadillo se puede comprar casi de todo: ropa, alimentos, plantas, etcétera.

1 ¿Dónde compran los alimentos los españoles?
los españoles compran comida en los supermercados, mercados o galerías.

2 ¿Cómo se llama la tienda donde se compra la carne?
Se llama la carnicería

3 ¿Qué tipo de tiendas puedes encontrar dentro de una galería de alimentación?
pequeñas dedicadas a una clase productos: - la carnicería, la pollería, la frutería, la panadería, etc.

5 Relaciona.

1 panadería
2 charcutería
3 frutería
4 pescadería
5 pollería

a el pollo
b el pescado
c el pan
d el jamón
e las manzanas

6 **Contesta a las preguntas.**

1 En muchos pueblos hay mercados al aire libre, ¿qué productos puede comprar la gente en ellos?

____

____

2 ¿Hay alguno en tu ciudad?

____

____

3 ¿Qué día de la semana se hace?

____

____

4 ¿Qué compras tú en el mercado al aire libre?

____

____

GRAMÁTICA

• Verbo *querer* • Artículos indeterminados • Nombres contables / incontables • Verbo *gustar*

1 **Completa el presente del verbo *querer*.**

	querer
yo	quiero
tú	quieres
él / ella / Ud.	quiere
nosotros/-as	queremos
vosotros/-as	quereis
ellos / ellas / Uds.	queren

2 **Completa con el verbo *querer*.**

Jorge, ¿**quieres** un plátano?

1 Hoy yo no ______________ postre.
2 Mamá, Jorge ______________ un helado.
3 ¿Qué ______________ vosotros?
4 Luis y yo ______________ manzanas.
5 Ellas no ______________ paella.
6 Nosotros ______________ más sopa.
7 Lucía ______________ una hamburguesa.
8 Laura y Carlos ______________ naranjas.

3 **Completa con *un / una / unos / unas*.**

Encima de la mesa hay [1] uno vaso de leche, [2] ______ hamburguesa, [3] ______ plátanos, [4] ______ naranjas y [5] ______ helado.

4 **Completa con un artículo *(un / una / unos / unas* o *el / la / los / las)*.**

1 ¿Quieres ________ naranja de postre?
2 ¿Te gustan ________ zanahorias?
3 Mira, ________ coche que más me gusta.
4 En el frigorífico solo hay ________ manzanas.
5 A mis hijos les gusta mucho ________ carne.
6 ¿Dónde hay ________ restaurante peruano?
7 A Lorenzo no le gustan ________ bocadillos.
8 En la cocina hay ________ bocadillos para la excursión.

5 Completa con un pronombre *(me, te, le, nos, os, les)* y *gusta / gustan*.

A mí no ***me gustan*** las Matemáticas.

1 ¿A ti te gusta la Historia?
2 A Luis y María no les gusta la paella.
3 A nosotros nos gustan mucho los animales.
4 A mi hermano no le gusta nada la carne.
5 ¿A vosotros os gustan los macarrones?
6 A mi madre no le gusta nada el fútbol.
7 ¿A ti te gusta el pescado?

6 Mira la tabla y señala si las siguientes frases son verdaderas (V) o falsas (F).

1 [F] A Daniel no le gusta la música clásica.
2 [V] A Miguel le gusta el fútbol.
3 [F] A Blanca no le gustan las Matemáticas.
4 [F] A Laura le gustan las Matemáticas.

	DANIEL	MIGUEL	BLANCA	LAURA
el fútbol		👍	👎	
el cine				👍
la música clásica	👍	👎		
las Matemáticas	👎		👍	👎

DANIEL

MIGUEL

BLANCA

LAURA

7 Ahora escribe otras frases verdaderas.

A Daniel / Matemáticas
A Daniel no le gustan las Matemáticas.

1 A Miguel / música clásica
A Miguel no le gusta el música clásica
2 A Blanca / fútbol
A Blanca no le gusta el fútbol
3 A Laura / cine
A Laura le gusta el cine

8 Forma frases con el verbo *gustar*.

Paloma / fruta / mucho
A Paloma le gusta mucho la fruta.

1 Jaime / verdura / nada
A Jaime no le gusta nada la verdura
2 Rosa / pescado / bastante
A Rosa le gusta bastante el pescado.
3 Antonio / tomates / poco
A Antonio le gustan un poco los tomates.
4 Susana y Olga / pollo frito / nada
A Susana y Olga no les gusta pollo frito
5 Ángel / guacamole / no mucho
A Ángel no le gusta mucho guacamole.
6 Claudio / carne / no mucho
A Claudio no le gusta mucho el carne.
7 Mis hijos / pasta con tomate / mucho
A mis hijos les gusta mucho pasta con tomate
8 Los españoles / naranjas / mucho
A los españoles le gustan mucho los naranjas.

9 **Subraya la forma adecuada de los verbos *querer* o *gustar*.**

1 • Pedro, ¿**te gustan** / **quieres** los plátanos?
 ▪ Sí, mucho.
2 • Lucía, ¿**quieres** / **te gusta** una rosquilla?
 ▪ No, gracias.
3 Mamá, ya no **quiero** / **me gusta** más arroz.
4 A Jorge **le gusta** / **quiere** mucho la fruta, pero no **le gustan** / **quiere** nada las verduras.
5 Nosotros **nos gusta** / **queremos** ver una película después de comer. **Nos gustan** / **Queremos** mucho las películas de aventuras.
6 Julia, Laura, ¿**os gusta** / **queréis** venir a mi casa después de clase?
7 • ¿A usted **quiere** / **le gusta** el fútbol?
 ▪ No, nada.
8 Mis padres **quieren** / **les gusta** un coche nuevo.
9 A Antonio no **quiere** / **le gusta** el coche nuevo de José.
10 **Me gustan** / **Quiero** mucho los macarrones con tomate.

10 **Relaciona.**

1 [e] ¿Quieres un plátano?
2 [a] ¿Te gusta la fruta?
3 [c] ¿Me pasas el pan?
4 [d] ¿Qué hay para comer?
5 [f] ¿Cuántas naranjas quiere?
6 [b] Yo quiero una manzana de postre.

a Sí, bastante.
b Lo siento, no hay manzanas.
c Sí, toma.
d Paella.
e No, gracias, no me gustan los plátanos.
f Un kilo.

11 **Completa las frases con la forma adecuada de los verbos *querer* y *gustar*.**

Luisa **quiere** un helado.
1 A Juan le gusta mucho el fútbol.
2 ¿Te gustan los animales?
3 ¿Qeres pan? (vosotros)
4 Yo no quiero postre.
5 A Pablo le gustan mucho los espaguetis.
6 Juan y Jorge quieren zumo.
7 A ellas no les gusta nada el café.
8 ¿Quieres agua? (tú)
9 A mí no me gusta el café.

12 **Clasifica los siguientes nombres y escribe el plural de los nombres contables.**

~~leche~~ • ~~plátano~~ • ~~bocadillo~~ • ~~queso~~ • ~~patata~~ • ~~agua~~ • ~~azúcar~~ • ~~limón~~ • ~~manzana~~ • ~~zanahoria~~ • ~~café~~ • ~~zumo~~

Contables

singular	plátano, bocadillo, patata, limon, manzana, zanahoria,
plural	plátanos, bocadillos, patatas, limónes, manzanas, zanahorias

Incontables

leche, queso, agua, azúcar, café, zumo

13 **Relaciona.**

Me gusta(n)...

1 los tomates
2 las fresas
3 las uvas
4 la manzana
5 el plátano

a amarillo
b verdes
c rojas
d verde
e rojos

COMUNICACIÓN

• Ofrecer • Las cosas que nos gustan y las que no nos gustan • El sonido /r/ y el sonido /r̄/

1 Lee la siguiente conversación.

snack at 5pm.

JULIA: ¿Queréis merendar?
JORGE: Sí, ¿qué hay?
JULIA: Pues... queso, patatas fritas y tarta de chocolate.
JORGE: ¿Hay helado?
JULIA: No, no hay helado.
JORGE: A mí no me gusta el queso.
JULIA: ¿Quieres un vaso de leche con tarta?
JORGE: Vale.
PABLO: Yo quiero un bocadillo de queso.

2 Responde.

1 ¿Qué hay para merendar?
Para merendar hay queso, patatas fritas y tarta de chocolate

2 ¿Hay helado?
No hay helado

3 ¿Qué quiere Jorge?
Jorge quiere un vaso de leche con tarta

4 ¿Qué quiere Pablo?
Pablo quiere un bocadillo de queso

3 Completa la entrevista que Julia le hace a Jorge sobre sus gustos. Fíjate en la tabla con los gustos de Jorge.

LOS GUSTOS DE JORGE	
sí	no
paella helado macarrones	queso manzana hamburguesa

JULIA: ¿Te gustan los helados?
JORGE: Sí, *me gustan* mucho.

1 **JULIA:** ¿Te gusta el queso?
JORGE: No, no me gusta queso nada.

2 **JULIA:** ¿Te gusta la paella?
JORGE: Sí, me gusta la paella.

3 **JULIA:** ¿Te gustan las manzanas?
JORGE: No, me gustan las manzanas.

4 **JULIA:** ¿Te gustan los macarrones?
JORGE: Sí, me gustan los macarrones.

5 **JULIA:** ¿Te gustan las hamburguesas?
JORGE: No, me gustan las hamburguesas.

4 Responde tú mismo.

1 ¿Te gusta el fútbol?
Sí, a mí me gusta el fútbol

2 ¿Te gustan las patatas fritas?
Sí, a mí me gustan las patatas fritas

3 ¿Te gusta el español?
Sí, a mí me gusta el español

4 ¿Te gustan los helados?
Sí, a mí me gustan los helados

5 ¿Qué letra falta: *r/rr*?

1 a__oz
2 __osa
3 maca__ones
4 ji__afa
5 to__o
6 a__aña
7 na__anja
8 verdu__a

DESTREZAS

• Comer en España

Leer

1 Lee y completa la tabla.

CAMARERO: Buenas tardes, ¿qué quieren comer?
PADRE: María, ¿tú qué quieres?
MADRE: Yo, de primero, quiero sopa.
PADRE: ¿Y tú, Jorge?
NIÑO: Yo, macarrones con tomate.
PADRE: Muy bien, pues yo quiero sopa también.
CAMARERO: ¿Y de segundo?
MADRE: De segundo, yo pollo con patatas.
NIÑO: Yo también.
PADRE: Yo quiero pescado. Una trucha, por favor.
CAMARERO: ¿Y de postre, qué quieren tomar?
NIÑO: De postre, yo helado.
PADRE: Yo, plátano.
MADRE: Yo, un flan.
CAMARERO: Muy bien.

	PADRE	MADRE	NIÑO
1.er plato			
2.º plato			
Postre			

Escribir

2 Escribe un pequeño texto contando qué cosas te gustan mucho y qué cosas no te gustan nada.

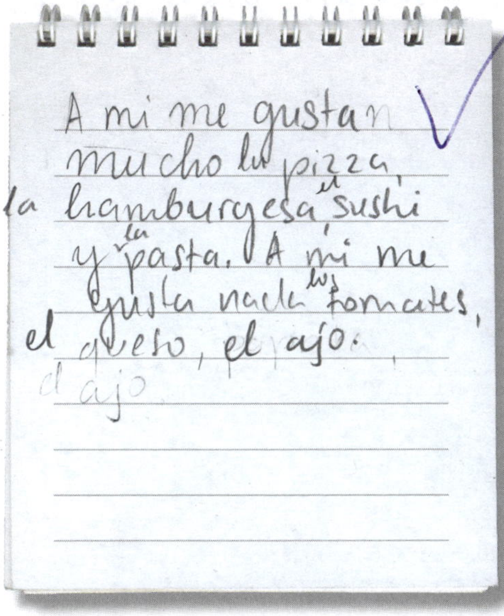

el ajo - garlic

Escuchar

3 Mira estas dos listas de la compra. Una está mal. Escucha a Cristina y Jorge y señala la correcta.

A ☐
- manzanas
- patatas
- macarrones
- azúcar
- queso
- pan
- helado

B ☐
- queso
- azúcar
- plátanos
- pan
- leche
- cebollas
- helado

¿Dónde están las llaves?

5

VOCABULARIO

• Partes de la casa • Mobiliario

1 **Mira el dibujo y escribe las partes de la casa de Juan. Utiliza las siguientes palabras.**

~~dormitorio~~ • ~~salón-comedor~~
~~cocina~~ • ~~jardín~~ • terraza
~~recibidor~~ • ~~cuarto de baño~~

2 **Primero, lee el texto. Después, completa las frases fijándote en el dibujo anterior.**

La casa de Juan

Juan tiene trece años y tiene dos hermanos. Su hermano mayor se llama Samuel, tiene dieciséis años y su afición favorita es la música. La más pequeña se llama Carolina y dibuja muy bien. Su padre, Carlos, cocina por las tardes y su madre arregla el jardín.

1 Carlos está en la cocina
2 Samuel está en La tereza.
3 Carolina está en el dormitorio.
4 Su madre arregla el jardín.
5 Juan está en el salon-comedor.

3 **Mira el dibujo del ejercicio 1 y contesta a las preguntas.**

1 ¿Dónde está la ducha?
La ducha esta en el baño.
2 ¿Dónde está el frigorífico?
El frigorifico está en la cocina
3 ¿Dónde está el sofá?
El sofá está en el salon comedor
4 ¿Dónde está la cama?
La cama esta en el dormitorio
5 ¿Dónde está el teléfono?
El telefono esta en el salon comedor
6 ¿Dónde están las sillas?
Las sillas están en el salon comedor.
7 ¿Dónde está el espejo?
el espejo está en el dormitorio

4 Lee la historieta.

5 ¿Verdadero (V) o falso (F)?

1 [F] Teo y Pepa tienen dos hijos.
2 [F] Teo y su familia están en su casa vieja.
3 [V] La casa tiene tres dormitorios.
4 [F] La televisión está en la habitación de los hijos.
5 [V] La casa nueva es más grande que la vieja.
6 [V] La casa de Teo está en la montaña.
7 [F] Tomás duerme en el dormitorio de Teo y Pepa.
8 [V] Los dormitorios están arriba.
9 [F] La casa nueva no tiene jardín.
10 [V] La cocina tiene una mesa con sillas.

6 Contesta a las preguntas.

1 ¿Dónde están Teo y su familia?
Teo y su familia están en su casa nueva.

2 ¿Dónde está la televisión?
La televisión estan en el salon.

3 ¿Qué muebles tienen en el salón?
El salon tiene una mesa, un sofa, una lampara y un sillon

4 ¿Cuántos pisos tiene la casa?
La casa tiene dos pisos.

5 ¿Qué partes de la casa están en el piso de arriba?
Los dormitorios están en el piso de arriba.

6 ¿Qué partes de la casa están en el piso de abajo?
El salon y la cocina están en el piso de abajo

GRAMÁTICA

• Verbo *estar* • Posición • Oposición *ser / estar*

1 Completa el presente del verbo *estar*.

	estar
yo	*estoy*
tú	estas
él / ella / Ud.	está
nosotros/-as	estamos
vosotros/-as	estais
ellos / ellas / Uds.	están

2 Completa las frases con la forma correcta del verbo *estar*.

1 Alejandra y Alberto estan en el gimnasio.
2 Lucía está en España.
3 Antonio y tú no estáis en el equipo de baloncesto.
4 ¿Dónde está el diccionario?
5 Mi postre está en la cocina.
6 ¿Estás (tú) en la lista de clase?
7 Nosotros estamos en el parque.
8 Mi padre no está en casa.
9 Los abuelos están en el salón.
10 Carlos y yo estamos en la clase B.
11 ¿Vosotros no estais en mi clase?
12 El libro no está en mi mesa.
13 ¿Dónde están los niños?
14 La chimenea está en el salón.

3 Escribe las frases en el orden correcto.

1 está / Juan / Salamanca / no / en
Juan no está en Salamanca
2 y / estamos / amigos / montaña / en / mis / yo / la
Yo mis amigos estamos en la montaña
3 ¿ / tus / están / zapatos / dónde / ?
¿Donde están tus zapatos?
4 tú / el / Ángel / estáis / equipo / y / tenis / en / de
Ángel y tu estáis en el equipo de tenis
5 ¿ / tu / está / dónde / gato / ?
¿Donde está tu gato?
6 ¿ / dónde / la / está / raqueta / tenis / de / ?
¿Donde está la raqueta de tenis?
7 está / piso / la / de / terraza / en / arriba / el
El piso está en arriba de la terraza

4 Completa con la forma adecuada del verbo *estar* o con *hay*.

1 ¿Cuántas sillas hay en tu dormitorio?
2 ¿Dónde está el ordenador?
3 ¿Qué hay en la cocina?
4 ¿Cuántos niños están en la casa?
5 ¿Dónde estan mis libros?
6 ¿Dónde están un póster?
7 ¿Dónde está Alfredo?
8 ¿Está Óscar en casa?
9 ¿Dónde está un espejo?
10 ¿Hay naranjas en casa?

5 Relaciona las respuestas con las preguntas anteriores.

a 1 Tres o cuatro, no sé.
b 3 Un frigorífico nuevo.
c 7 En la estantería.
d 2 En su dormitorio.
e 8 Sí, creo que está en el salón.
f 4 Solo una.
g 5 Encima de la mesa de mi padre.
h 6 En la pared de mi dormitorio.
i 10 Sí, están en el frigorífico.
j 9 En el cuarto de baño.

6 ¿Dónde está Situ? Completa las frases, utilizando los siguientes marcadores de lugar.

encima • debajo • delante • detrás • al lado

1 Está delante
de la televisión.

2 Está detrás
de la silla.

3 Está encima
de la alfombra.

4 Está al lado
del sofá.

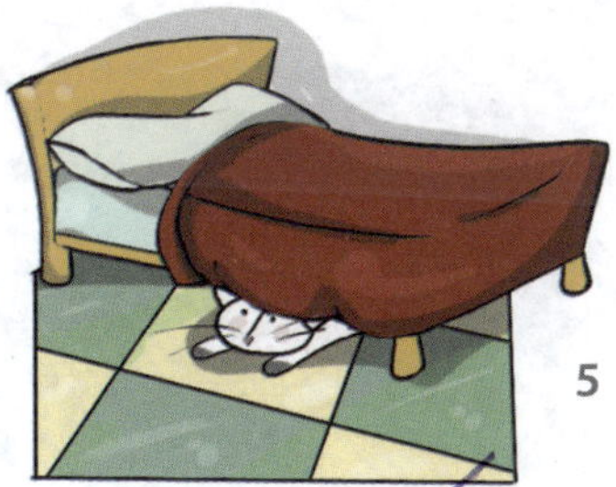

5 Está debajo
de la cama.

7 Mira los dibujos y completa las frases, utilizando los marcadores de lugar.

1 En el dibujo A, la niña está **al lado** de su madre.
En el dibujo B, al lado de su padre
2 En el dibujo A, el gato está debajo del coche.
En el dibujo B, encima del coche.
3 En el dibujo A, el perro está detrás del coche.
En el dibujo B, delante del coche.

8 **Andrés es un chico que vive en una casa algo especial porque los objetos no están en su lugar habitual. Señala si te parecen normales (✔) o raras (✘) las ubicaciones siguientes.**

1 ☐ Los cuadros de mi padre están debajo de la cama.
2 ☐ El ordenador está en la ventana.
3 ☐ Los libros de mi hermana están encima de la cama.
4 ☐ El balón de fútbol está en la cocina.
5 ☐ Mi mochila está en mi dormitorio.
6 ☐ Hay dos plantas detrás del sofá.
7 ☐ Hay un espejo grande en el dormitorio de mis padres.

9 **Completa con las formas correspondientes de los verbos *ser* y *estar*.**

1 Mi abuelo ________ italiano.
2 Ana, ¿dónde ________ las llaves?
3 Mis amigos ________ en el colegio.
4 Jesús y Alicia ________ profesores.
5 Vosotros ________ buenos estudiantes.
6 Mi madre ________ en el hospital.
7 Nosotros ________ cansados de trabajar.
8 Mis libros ________ encima de la mesa.
9 ¿Tú ________ colombiana?
10 Mi clase ________ en el primer piso.
11 Mis padres ________ en Roma de viaje.
12 Yo ________ argentino.

10 ***¿Ser o estar?***

1 • Abuelo, ¿dónde **es / está** mi madre?
▪ En el piso de arriba.
2 • ¿De quién **es / está** esta mochila?
▪ De Irene.
3 • ¿Cómo **es / está** tu casa?
▪ No **es / está** muy grande, pero me gusta.
4 • ¿Quién **es / está** ese?
▪ Mi primo Jorge.
5 • **¿Eres / Estás** en el equipo de fútbol de tu cole?
▪ Sí, ¿y tú?
• Yo también.
6 • ¿Y tus abuelos?
▪ **Son / Están** de vacaciones en la playa.
7 • Hola, ¿cómo **sois / estáis**?
▪ Bien, gracias.
8 Arévalo **es / está** un pueblo estupendo, **es / está** en Ávila, España.
9 • ¿De dónde **son / están** Giulia y Carina?
▪ De Milán, **son / están** italianas.
10 • ¿Cómo **son / están** tus abuelos?
▪ No muy bien, mi abuela **es / está** en el hospital.
11 • ¿Quiénes **son / están** esas?
▪ **Son / Están** las profesoras nuevas.
12 • ¿Cómo **es / está** el profesor nuevo?
▪ Pues **es / está** simpático.

11 **Completa con las formas correspondientes de los verbos *ser*, *estar* y *tener*.**

1 París no ________ en Italia.
2 Los bolígrafos ________ en la cartera.
3 Yo ________ doce años.
4 El té ________ en la cocina.
5 El Cairo ________ la capital de Egipto.
6 ¿Este ________ tu hermano?
7 Mi casa no ________ lejos.
8 Mi hermana ________ dos hijos.
9 Eduardo y María ________ mis amigos.
10 ¿Tú ________ algún amigo brasileño?
11 Yo ________ en la clase de tu hermano.
12 ¿Tú ________ el capitán del equipo?

COMUNICACIÓN

• Ubicación de objetos y personas • Descripción de la casa y de objetos

1 **Fíjate en las fotos y pregunta y contesta, como en el ejemplo.**

Emilio / aeropuerto

- *¿Dónde está Emilio?*
- *Está en el aeropuerto.*

1 Laura / piscina

- ¿Donde está Laura?
- Está en la piscina

2 Daniel y María / biblioteca

¿Donde están Daniel y María?

- Daniel y Maria están en la biblioteca

3 Madrid / España

- ¿Donde está Madrid?
- Madrid está en el centro de España

4 Mis amigos / parque

- ¿Donde están mis amigos?
- ¿ Están en el parque

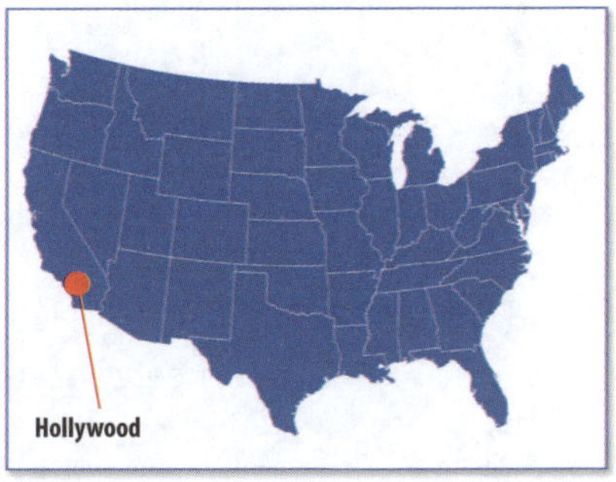

5 Hollywood / California

- ¿Donde está Hollywood?
- Hollywood está en el California

2 **Observa el mapa de Argentina. Contesta a las preguntas, tomando como referencia los puntos cardinales.**

Norte • Sur • Este • Oeste

1 ¿Dónde está Tucumán?
Está en el norte.

2 ¿Dónde está Tierra del Fuego?
Está en el sur

3 ¿Dónde está Buenos Aires?
Está en el este

4 ¿Dónde está el Aconcagua?
Está en el oeste.

3 **Cuéntanos cómo es tu casa, utilizando los siguientes pares de palabras, como en el ejemplo.**

fría / calurosa (warm)
grande / pequeña
exterior / interior
bonita / fea
antigua / moderna

Mi casa no es antigua, es moderna.

poder - can

DESTREZAS

Leer

1 Lee la descripción de la casa de David.

Soy de Sevilla, en España. Es una ciudad muy grande. Vivo con mi familia en un bloque de pisos. Nuestro piso es grande. Tiene tres dormitorios, un salón, un comedor, una cocina y un baño. Mi dormitorio es pequeño. Tiene una cama, una mesa de estudio y un ordenador. Mi ciudad, mi piso y mi habitación me gustan mucho.

2 ¿Verdadero (V) o falso (F)?

1 ☐ David vive en el campo.
2 ☐ Vive en un piso.
3 ☐ Su piso tiene dos habitaciones.
4 ☐ David tiene una televisión en su dormitorio.
5 ☐ A David no le gusta su piso.

Escribir

3 Escribe sobre tu ciudad y tu casa.

MI CIUDAD
- Soy de...

MI CASA
- Mi dormitorio...

Escuchar

4 Escucha la conversación entre Ana y Andrés y señala las respuestas correctas.

1 Ana está en...
☐ un piso ☐ una granja

2 Ana está con...
☐ sus abuelos ☐ sus padres

3 La granja está...
☐ cerca del mar ☐ en la montaña

4 La casa tiene...
☐ siete habitaciones ☐ nueve habitaciones

5 Ana regresa...
☐ el próximo mes ☐ el próximo fin de semana

¿A dónde vas?

6

VOCABULARIO

• Marcadores de lugar • Establecimientos • Profesiones y lugares de trabajo

1 Mira el dibujo y escribe dónde están los objetos. Utiliza los siguientes marcadores de lugar.

~~a la derecha~~ • ~~a la izquierda~~ • ~~delante~~ • ~~al lado~~ • ~~entre~~ • ~~cerca~~ • lejos

mesa / ventana

La mesa está cerca de la ventana.

1 libros / fotografía

Los libros están a la derecha de la fotografía

2 televisión / libros / fotografía

La fotografía está entre de la televisión y de los libros.

3 silla / mesa

La silla está delante de la mesa

4 cuadro / puerta

El cuadro está al lado de la puerta.

5 planta / puerta

La planta está a la izquierda de la puerta

6 ventana / puerta

La ventana está lejos de la puerta.

2 Completa la tabla con las siguientes palabras.

~~farmacia~~ • ~~tienda~~ • ~~camarera~~ • ~~camionera~~ • ~~azúcar~~ • ~~cine~~ • ~~arroz~~ • ~~parque~~ • ~~policía~~ • ~~queso~~ • ~~restaurante~~ • ~~médico~~ • chocolate • galleta

Profesiones	Alimentos	Lugares
camarera	azúcar	farmacia
camionera	arroz	parque
médico	queso	cine
	chocolate	policía
	gallete	restaurante
		tienda

3 Relaciona las profesiones con los lugares de trabajo.

Profesiones	Lugares de trabajo
1 médico	a peluquería
2 profesora	b restaurante
3 cajera	c instituto
4 bibliotecario	d supermercado
5 peluquera	e hospital
6 camarero	f biblioteca

4 ¿Cuáles son sus profesiones?

~~escritor~~ • ~~científico~~ • ~~futbolista~~ • ~~detective~~ • ~~piloto~~ • ~~pintor~~ • ~~cantante~~

Valentino Rossi y Fernando Alonso

1 piloto

Pelé y Ronaldo

2 futbolista

Picasso y Dalí

3 pintor

Beyoncé

4 cantante

Sherlock Holmes

5 detective

Marie Curie y Albert Einstein

6 científico

Miguel de Cervantes e Isabel Allende

7 escritor

5 **Muchos apellidos españoles son oficios. Lee estos ejemplos. Utiliza tu diccionario y escribe frases explicándolos.**

Carmen Sardinero *El sardinero vende sardinas.*

1 Ignacio Herrero ____________________

2 Tania Carnicero ____________________

3 Luis Ovejero ____________________

4 Cristina Zapatero ____________________

5 Jesús Panadero ____________________

GRAMÁTICA

• Presente de los verbos irregulares • Análisis de errores • Imperativo *(tú)*

1 Completa la tabla con el presente de estos verbos irregulares.

	cerrar	ir	venir	hacer	jugar	dormir
yo	cierro	voy	vengo	hago	juego	duermo
tú						
él / ella / Ud.						
nosotros/-as						
vosotros/-as						
ellos / ellas / Uds.						

2 Elige la opción adecuada.

1 ¿Cómo ______ Pedro a clase?
a va b cierra c vienen

2 ¿A qué hora ______ la piscina?
a viene b va c cierra

3 Elena ______ al cine con Juan.
a abre b está c va

4 Luis y yo ______ a clase andando.
a venimos b abrimos c estamos

5 La biblioteca ______ a las nueve.
a viene b abre c está

6 ¿ ______ conmigo al fútbol?
a Voy b Vienes c Ven

7 ¿Cuándo ______ a la librería?
a vamos b estamos c cierra

8 El autobús ______ a las tres.
a hay b abre c viene

9 Roberto ______ al cole en metro.
a está b va c es

10 Mañana no ______ clase.
a está b es c hay

3 Completa las frases.

1 Carlos (ir) ______ a la biblioteca los miércoles.
2 Mis amigos (venir) ______ a mi casa los lunes.
3 Las peluquerías (cerrar) ______ los domingos.
4 Mi amigo Antonio y yo (ir) ______ de vacaciones.
5 ¿A qué hora (cerrar) ______ la cafetería?
6 ¿Ana y tú (venir) ______ en autobús?
7 ¿A dónde (ir) ______ vosotros los domingos?
8 (Yo / venir) ______ en tren al instituto.
9 Esta farmacia no (cerrar) ______ por la noche.
10 Yo no (ir) ______ al gimnasio nunca.
11 ¿Cómo (tú / ir) ______ a la escuela?
12 Juan (ir) ______ a la piscina.

4 En cada frase hay un error. Corrígelo.

1 María no cierras la puerta bien.
______
2 ¿A dónde va tú esta tarde?
______
3 ¿Cómo vas tu hermano a clase normalmente?
______
4 ¿Quién vais a la biblioteca?
______
5 Nosotros no venimos a metro.
______
6 La biblioteca cierro a las ocho de la tarde.
______
7 Mis padres trabajamos en el hospital.
______
8 Mis hijas van del parque.
______
9 Ricardo no vienes a mi instituto.
______
10 El autobús no vienes todavía.
______

5 **Relaciona las siguientes órdenes con los dibujos.**

1 [f] ¡Toma tu medicina!
2 [a] ¡Escribe en la pizarra!
3 [e] ¡Abre la ventana!
4 [g] ¡Toma una galleta!
5 [h] ¡Ve a la cama!
6 [b] ¡Desayuna rápido!
7 [d] ¡Levántate ya!
8 [c] ¡Cállate!

a

b

c

d

e

f

g

h
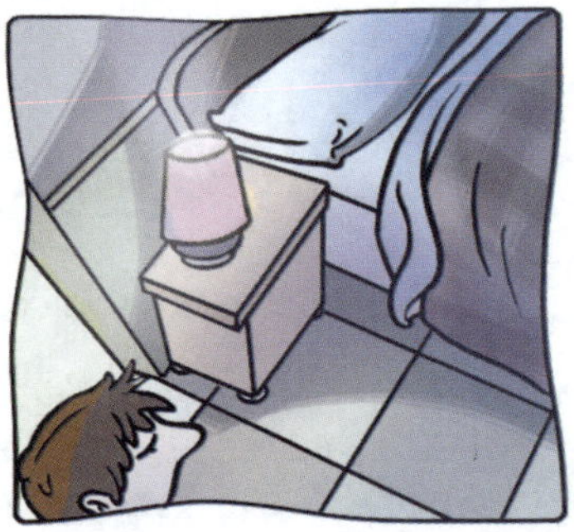

6 **Relaciona.**

1 ¡Apaga…
2 ¡Escribe…
3 ¡Come…
4 ¡Habla…
5 ¡Limpia…
6 ¡Cierra…
7 ¡Recoge…
8 ¡Haz…

a fruta!
b tus juguetes!
c la mesa!
d la luz!
e tu nombre!
f más bajo!
g los deberes!
h la puerta!

7 **Completa con los siguientes verbos en imperativo.**

venir • dar(me) • mirar • comprar
cerrar • abrir (x2) • escribir

1 Mamá, abre la puerta, quiero entrar.
2 Clara, viene aquí ahora mismo.
3 Leonor, compra tu diccionario, por favor, lo necesito.
4 Cierra (tú) la ventana, tengo frío.
5 Óscar, abre el libro por la página 28.
6 Irene, mira a la pizarra.
7 Rosa, escribe en tu cuaderno.
8 Dar me (tú) el pan, por favor.

8 **Escribe el nombre de estos ingredientes.**

1 agua

2 mantequilla

3 huevos

4 harina

5 leche

6 chocolate

10 **Escribe las frases debajo del dibujo correspondiente.**

- Añade el chocolate a las galletas. (add)
- Mete las galletas en el horno durante 25 minutos. (put)
- Prepara la masa de las galletas.
- Coloca en el fuego el cazo con el chocolate.
- Recorta círculos con la masa de las galletas.

1 Prepara la masa de las galletas

2 Recorta círculos con la masa de las galletas

3 Coloca en fuego el cazo con el chocolate

4 Añade el chocolate a las galletas

5 Mete las galletas en el horno durante 25 minutos

9 **Escribe las palabras en el orden correcto, como en el ejemplo.**

Para hacer la masa de las galletas con chocolate sigue los siguientes pasos:

la harina / echa / y la mantequilla / en un recipiente

Echa la harina y la mantequilla en un recipiente.

1 un huevo / añade

____

2 la mantequilla y el huevo / con la harina / mezcla

____

3 añade / y el agua / la leche

____

4 los ingredientes / mezcla

____

5 en un cazo / el chocolate / echa

____

COMUNICACIÓN

• Hablar de las acciones de otros • Horarios

1 ¿Qué hacéis al salir de clase? Forma frases y relaciónalas con los dibujos.

1 [a] lunes / biblioteca / Elena
Los lunes Elena va a la biblioteca.

2 [f] sábado / parque / mi primo y yo
El sábado Mi primo y yo vamos al parque

3 [d] jueves / kárate / María y Marta
El jueves María y Marta van al karate

4 [b] martes / piscina / Juan
Juan va a la piscina el martes.

5 [g] domingo / polideportivo / Ángel y tú
El domingo Ángel y tú vais al polideportivo

6 [c] miércoles / clase de Español / yo
Miércoles yo voy a la clase de Español.

7 [e] viernes / cine / mis padres
El viernes mis padres van al cine

a

b

c

d

e

f

g

2 ¿Cómo van de vacaciones?

Laura / Italia / avión
Laura va a Italia en avión.

1 Juan / Alicante / coche
Juan va a Alicante en coche

2 mis primos / París / tren
Mis primos van a París en tren

3 Luis y Paqui / Perú / avión
Luis y Paqui van a Perú en avión

4 Ana / Santander / autobús
Ana va a Santander en Autobús

5 Yo / Barcelona / moto
Yo voy a Barcelona en moto.

3 ¿A qué hora abren?

cafetería: 8 h

¿A qué hora abre la cafetería?

A las ocho de la mañana.

1 biblioteca: 17 h
• ¿A qué hora abre la biblioteca?
▪ A las cinco de la tarde.

2 tiendas: 10 h
• ¿A que hora abren las tiendas?
▪ A las diez de la mañana

3 discoteca: 22 h
• ¿A que hora abre la discoteca?
▪ A las diez de la noche

4 restaurante: 13:30 h
• ¿A que hora abre el restaurante?
▪ A la una y media de la tarde.

5 oficina de correos: 9 h
• ¿A que hora abre la oficina de correos?
▪ A las nueve de la mañana.

6 polideportivo: 7:30 h
• ¿A que hora abre el polideportivo
▪ A las siete y medio de la mañana

DESTREZAS

• Describir mi pueblo / ciudad

Leer

1 **Lee el texto y completa con las siguientes palabras.**

~~las mañanas~~ • ~~coche~~ • ~~van~~ • ~~la tarde~~ • ~~son~~ • ~~vive~~ • ~~va~~

Julio Ramírez [1] vive en un pueblo cerca de Córdoba, en Argentina. Por [2] las mañanas su padre le lleva al colegio en el [3] coche. Julio [4] va a un colegio bilingüe. Sus clases [5] son en español y en inglés.
Termina sus clases a las tres de [6] la tarde. Después, juega al fútbol con sus amigos. Le gusta mucho este deporte y su sueño es jugar con la selección de su país.
Algunas tardes, él y su hermana [7] van a la piscina. También juegan juntos con el ordenador después de hacer los deberes.

2 **¿Verdadero (V) o falso (F)?**

1 [F] Su madre lo lleva al colegio.
2 [F] Juega mucho al tenis.
3 [V] A veces, va a la piscina con su hermana.
4 [F] Julio y su padre juegan con el ordenador.
5 [V] Julio estudia inglés.
6 [V] Julio termina el cole a las tres.

Escuchar

3 **Escucha a José Luis hablando de su pueblo y completa la tabla diciendo qué cosas hay y no hay.**

Iglesias	*Hay cinco iglesias.*
Instituto	
Parque	
Farmacia	
Banco	
Restaurante	
Hospital	
Museo	
Estación de tren	
Estación de autobuses	

Escribir

4 **Cuéntanos cómo es tu pueblo o ciudad. ¿Qué cosas hay o no hay?**

Yo vivo en ... con ...
Es un pueblo/ciudad muy ...

Hábitos

7

VOCABULARIO

• Meses del año • Animales domésticos y salvajes

1 Escribe el nombre de los meses del año.

a UOLIJ — Julio
b BMEOVERNI — noviembre
c PMRETISEBE — septiembre
d NROEE — enero
e RAOZM — marzo
f OMAY — mayo
g RBEFROE — febrero
h LBRIA — abril
i NIJOU — junio
j STOGOA — agosto
k CTBERUO — octubre
l MBCEERIDI — diciembre

2 Escribe con letras las siguientes fechas.

5/4 cinco de abril*

a 3/10 tres de octubre
b 8/3 ocho de marzo
c 7/9 siete de septiembre
d 10/1 diez de enero
e 9/11 nueve de noviembre
f 20/2 veinte de febrero
g 13/8 trece de agosto
h 30/12 treinta de diciembre

* Fíjate: en español escribimos primero el día y luego el mes.

3 En tu país, ¿cuándo se celebra…

1 el día de la Madre?: ocho de marzo
2 el día del Padre?: dieciséis de junio
3 la Fiesta Nacional?: tres de marzo

4 Completa la letra de esta canción popular española.

Uno de enero, dos de febrero,
[1] tres de marzo,
[2] cuatro de abril,
cinco de [3] mayo,
seis de [4] junio,
siete de [5] julio,
San Fermín.

5 ¿Qué animal no pertenece al grupo?

mariposa – águila – tigre (¿volar?)
El tigre, porque no sabe volar.

1 araña – gallina – serpiente (¿patas?) legs
La serpiente, porque no sabe patas.

2 oso – mosca – tiburón (¿dientes?)
La mosca, porque no sabe dientes.

3 perro – gato – pájaro (¿pelo?) hair
El pájaro, porque no sabe pelo

4 cocodrilo – delfín – paloma (¿nadar?) to swim
La paloma, porque no sabe nadar.

6 **Completa el texto con las siguientes palabras.**

felino • humano • alimento • especies • peligro • seres • hábitat • animales • libertad • futuro

DÍA DE LA TIERRA

Con la celebración del Día Mundial, de la Tierra las Naciones Unidas quieren concienciar a la población para cuidar a la Tierra y a los [1] ________ vivos que viven en ella. Son miles los [2] ________ que están en peligro de extinción por culpa del ser [3] ________: por la caza, la destrucción de su hábitat, la tala de árboles... Estos son algunos de los animales que se encuentran en [4] ________ de extinción y que, con nuestra ayuda, pueden cambiar su [5] ________.

LINCE IBÉRICO

Una de las [8] ________ animales más amenazadas del mundo vive en España. No quedan más de 500 linces y viven en Andalucía. La falta de alimento y los atropellos son sus principales amenazas.

GORILA DE MONTAÑA

Solo quedan 720 individuos del gorila de montaña en su [9] ________ natural. Sus amenazas: la caza, la destrucción de su hábitat y el contagio de enfermedades humanas.

OSO PANDA

No hay más de 1600 osos panda viviendo en [6] ________. Están amenazados por la destrucción de su hábitat y la caza ilegal.

TIGRE

Es uno de los animales más amenazados de Asia. Quedan alrededor de 3000 ejemplares del [7] ________ más grande del mundo. Su principal amenaza es la caza ilegal.

TORTUGA MARINA

Es un reptil de gran tamaño, protegido en casi todo el mundo, pero es cazado por su carne, y sus huevos son robados para usarlos como [10] ________.

(Fuente: *www.europapress.es*)

7 **Relaciona las siguientes palabras con su significado en el texto.**

1 concienciar
2 tala
3 atropello
4 ilegal
5 amenaza

a contrario a la ley
b conseguir que una persona entienda un problema
c corte de árboles
d paso de un vehículo por encima de un animal
e peligro

8 **Di si las siguientes afirmaciones son verdaderas (V) o falsas (F). Corrige en tu cuaderno las falsas.**

1 ☐ Las Naciones Unidas organizan el Día Mundial de la Tierra.
2 ☐ No podemos hacer nada por los animales en peligro de extinción.
3 ☐ El lince ibérico vive en todas las zonas de España.
4 ☐ Solo el oso panda está amenazado por la caza ilegal.
5 ☐ Las enfermedades humanas ponen en peligro la vida de algunos animales.
6 ☐ La tortuga marina es un animal pequeño en peligro de extinción.

GRAMÁTICA

• Verbos reflexivos • Oposición *salir / volver* • Preposiciones *(a, de, por, con, en)* • Interrogación / Admiración

1 Completa la tabla con el presente de los verbos *ducharse* y *acostarse*.

	ducharse	fall asleep acostarse
yo	me ducho	me acuesto
tú	te duchas	te acuestas
él / ella / Ud.	se ducha	se acuesta
nosotros/-as	nos duchamos	nos acostamos
vosotros/-as	os ducháis	os acostáis
ellos / ellas / Uds.	se duchan	se acuestan

2 Relaciona.

1 [g] ¿A qué hora te levantas?
2 [j] ¿Qué desayunas?
3 [b] ¿Cómo vas al cole?
4 [f] ¿Dónde comes?
5 [d] ¿Haces deporte?
6 [a] ¿Con quién cenas?
7 [c] ¿Ves la tele?
8 [h] ¿Cuánto tiempo ves la tele?
9 [e] ¿Cuándo te duchas?
10 [i] ¿A qué hora te acuestas?

a Con mis padres y mi hermana.
b Voy andando, porque está cerca de mi casa.
c Sí, claro.
d Sí, juego al baloncesto.
e Por la noche.
f En el comedor escolar.
g A las siete de la mañana.
h Una hora y media, más o menos.
i A las once de la noche.
j Un vaso de leche, un zumo de naranja y una magdalena.

3 Completa con la información del ejercicio anterior.

Ángel [1] se levanta a las siete de la mañana. [2] Desayuna un vaso de leche, un zumo de naranja y una magdalena, y [3] va a pie al cole andando porque [4] está cerca de su casa. [5] Come en el comedor escolar y por la tarde [6] juega al baloncesto. Luego [7] ve la tele, [8] come con sus padres y su hermana, [9] se ducha y [10] se acuesta a las once de la noche.

4 Elige la forma adecuada.

1 Luisa **se levanta / levanta** a sus hijos a las ocho.
2 Juan **se lava / lava** la ropa de sus hermanos.
3 Mi padre no **se afeita / afeita** todos los días.
4 Los niños **se acuestan / acuestan** a las nueve y media.
5 Mi hija **se lava / lava** los dientes después de comer.
6 Eduardo **se baña / baña** a su perro con agua y jabón.
7 Yo **me baño / baño** en la playa todos los veranos.

5 Completa con las preposiciones *a (al), de (del), con, en, por*.

1 Mis amigos y yo jugamos a fútbol en el patio de mi cole.
2 Elena juega con sus amigas en el jardín.
3 Juan y Enrique van a coche al cole.
4 ¿Vamos a la granja con tío Justo por la tarde?
farm

6 Escribe la forma correcta, como en el ejemplo.

Juan se baña en la piscina.
Nosotros *nos bañamos en la piscina*.

1 Yo me lavo el pelo todos los días.
¿Tú te lavas el pelo todos los días?
2 Ella se acuesta a las once.
Nosotras nos acostamos a las once.
3 Ellos se levantan tarde.
Yo me levanto tarde.
4 Yo me ducho por las mañanas.
Luis se ducha por las mañanas.
5 ¿Vosotros os ducháis todos los días?
¿Tú te duchas todos los días?
6 Mi padre se afeita por la noche.
¿Tú te afeitas por la noche?
7 María se levanta a las siete.
Nosotros nos levantamos a las siete.
8 Jorge se acuesta temprano.
Ellos se acuestan temprano.
9 Mi hermana se pone los zapatos de tacón los sábados.
¿Vosotras os ponéis los zapatos de tacón los sábados?
10 Mi compañero no se quita el abrigo en clase
¿Tú te quitas el abrigo en clase?

7 Este es el horario de Carlos. Escribe las preguntas en la forma adecuada, como en el ejemplo.

– *¿A qué hora se levanta Carlos?*
A las siete.
1 ¿A qué hora sale de casa?
A las ocho.
2 ¿A qué hora comer?
A las tres.
3 ¿A qué hora estudia?
De cuatro a cinco y media.
4 ¿A qué hora hace judo?
De seis a siete.
5 ¿A qué hora vuelve a casa?
A las ocho de la tarde.
6 ¿A qué hora cena?
A las nueve de la noche.
7 ¿A qué hora ve la tele?
A las nueve y media.
8 ¿A qué hora se acuesta?
A las diez y media.

8 Completa la tabla con el presente de los verbos *salir* y *volver* y después completa las siguientes frases.

	salir	volver (go back)
yo	*salgo*	*vuelvo*
tú	sales	vuelves
él / ella / Ud.	sale	vuelve
nosotros/-as	salimos	volvemos
vosotros/-as	salís	volvéis
ellos / ellas / Uds.	salen	vuelven

1 Marisa sale de casa a las ocho para ir a clase.
2 Juan vuelve a su casa a las cinco de la tarde.
3 Mi padre y mi madre salen muy pronto para ir a trabajar.
4 Yo vuelvo del instituto a las dos y media.
5 ¿A qué hora volvéis vosotros a casa?
6 ¿A qué hora sales tú de casa para ir a clase?

9 **Completa con la forma adecuada de los siguientes verbos.**

llegar • ver • acostarse • venir • ir (x2) • lavarse • levantarse (x2) • salir (x2) • volver • jugar

1 Mi padre _____ de casa para ir a trabajar a las siete y yo _____ a las siete y media.
2 Yo no _____ al fútbol, prefiero el baloncesto.
3 Elena y Marina _____ todos los días a clase de gimnasia rítmica.
4 • ¿A qué hora _____ a tu casa por la tarde?
▪ A las siete, después de jugar al baloncesto.
5 Pepe _____ tarde a clase todos los días.
6 • ¿_____ la tele por la mañana? (vosotros)
▪ No, nunca.
7 Los domingos mis abuelos _____ a comer a mi casa.
8 En mi casa todos _____ muy tarde, a las once y media o las doce de la noche.
9 Mi madre es la primera que _____ por la mañana.
10 Mamá, Clara no _____ las manos antes de comer.
11 Yo _____ a clase en bicicleta.
12 Nosotros _____ a las ocho de la mañana.

10 **Completa el texto con las siguientes preposiciones.**

a (x8) • de (x4) • al • por (x2) • en

Lucía tiene dieciséis años. Es estudiante, pero también trabaja [1] _____ el supermercado [2] _____ sus padres.

Todos los días se levanta [3] _____ las siete, se ducha, desayuna y sale [4] _____ su casa [5] _____ las ocho. Las clases empiezan [6] _____ las ocho y media. Después [7] _____ las clases vuelve [8] _____ su casa para comer. Después [9] _____ comer, hace los deberes y estudia un poco. Va [10] _____ supermercado los martes y los jueves [11] _____ la tarde.

También trabaja los sábados [12] _____ la mañana: empieza [13] _____ las nueve y termina [14] _____ las dos.

[15] _____ Lucía le gusta trabajar porque así tiene dinero para ir [16] _____ la discoteca y para las vacaciones.

11 **Escribe los signos correspondientes: interrogación (¿ ?) o admiración (¡ !).**

1 Qué quiere Jorge
2 Qué bonito
3 Levántate ya
4 Ven aquí
5 Qué haces esta tarde
6 Lávate las manos
7 Acuéstate pronto
8 Hasta pronto

COMUNICACIÓN

• Hablar de hábitos diarios

1 Lee y contesta a las preguntas.

JULIA: Hola.
PROFESORA: Buenos días, Julia. Llegas tarde.
JULIA: Es que… vivo muy lejos.
PROFESORA: ¿Sí? ¿A qué hora te levantas?
JULIA: A las ocho.
PROFESORA: ¿A qué hora sales de casa?
JULIA: A las nueve menos cuarto.
PROFESORA: …Y llegas a las nueve y diez. Bien, y ¿por qué no sales a las ocho y media? Es mejor…
JULIA: Sí…, vale.
PROFESORA: A ver si es verdad, siéntate.

1 ¿Por qué llega tarde Julia?
____

2 ¿A qué hora se levanta?
____

3 ¿A qué hora sale de su casa?
____

4 ¿A qué hora llega al colegio?
____

2 Contesta con tus propias respuestas.

1 ¿A qué hora te levantas?
Yo me levanto a las ______________________.

2 ¿A qué hora sales de casa?
____

3 ¿A qué hora llegas al colegio?
____

4 ¿A qué hora vuelves a casa?
____

3 Relaciona.

1 [c] levantarse
2 [g] ducharse
3 [e] salir de casa
4 [a] llegar a clase
5 [e] volver a casa
6 [h] comer
7 [f] ver la tele
8 [b] acostarse

a

b

c

d

e

f

g

h

DESTREZAS

• La rutina

Leer

1 Lee el texto y completa con los siguientes verbos en presente.

acostarse • ~~salir~~ • ~~llegar~~ • tomar (take) • ~~levantarse~~ • ~~desayunar~~ • ~~terminar~~ • ~~ver~~ • ~~ir~~

Carlos es profesor de Matemáticas en un instituto de Cáceres

Yo [1] me levanto a las siete y cuarto. Me ducho y [2] desayuno té con galletas. [3] salgo de casa a las ocho menos cinco y [4] llego al trabajo a las ocho y veinte. Mi primera clase empieza a las ocho y media. A la hora del recreo [5] tomo un zumo y hablo con mis compañeros. Las clases [6] terminan a las dos y media y [7] voy a comer a mi casa.

Por la tarde, los lunes y miércoles practico natación, y los martes y jueves estoy en casa, preparo las clases y juego con mis hijos.

Normalmente, [8] veo la tele un poco después de cenar y [9] me acuesto a las once y media.

Escribir

2 Escribe un párrafo sobre tu vida habitual.

Yo, normalmente, me levanto a las…

Yo normalmente, me levanto a las siete. Desayuno cereal y té a las siete y media. Yo me visto a las ocho menos veinte. A las ocho y diez voy a pie en el instituto. Yo vuelvo a casa a las cuatro y veinte. Por la tarde yo hago mis deberes y a veces practico tenis. Normalmente, veo la tele después de cenar. Yo me ducho a las diez y me acuesto a las diez y media.

Escuchar

3 (7) Escucha la entrevista a Juan Rodríguez, un policía de Madrid, y contesta a las siguientes preguntas.

1 ¿A que hora se levanta Juan Rodríguez?

2 ¿Qué día tiene libre a la semana?

3 ¿Dónde trabaja?

4 ¿A qué hora vuelve a su casa?

5 ¿Cuántos hijos tiene?

6 ¿Le gusta su trabajo?

Descripciones

8

VOCABULARIO

• El cuerpo

1 **Escribe las siguientes palabras en las etiquetas correspondientes del dibujo del monstruo.**

| ~~pecho~~ • ~~pie~~ • ~~cabeza~~ • ~~mano~~ • ~~cuello~~
| ~~estómago~~ • ~~brazo~~ • ~~pierna~~ • ~~dedos~~

1 ~~pelo~~ la cabeza
2 el cuello
3 el pecho
4 el estomago
5 la pierna
6 los dedos
7 el pie
8 la mano
9 el brazo

2 **Escribe seis frases sobre el monstruo anterior con los siguientes adjetivos.**

| alto • ~~grande~~ • grueso • ~~largo~~ • gris (grey) • ~~pequeño~~

Tiene los ojos pequeños.

1 Tiene la oreja grande
2 Tiene la boca pequeña
3 Tiene el brazo largo
4 Tiene el pelo gris.
5
6

3 **Escribe el nombre de las siguientes partes de la cabeza.**

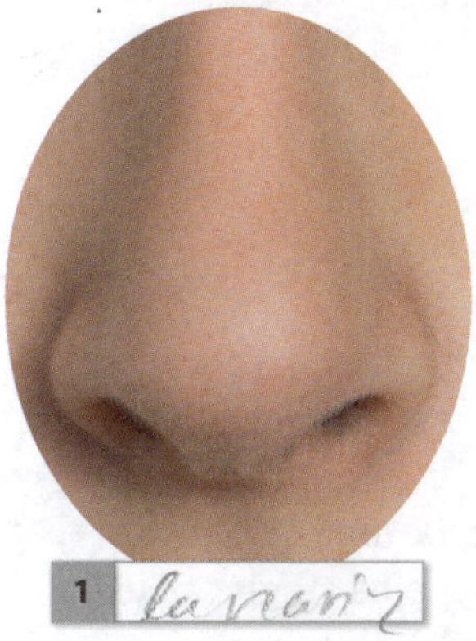

1 la nariz

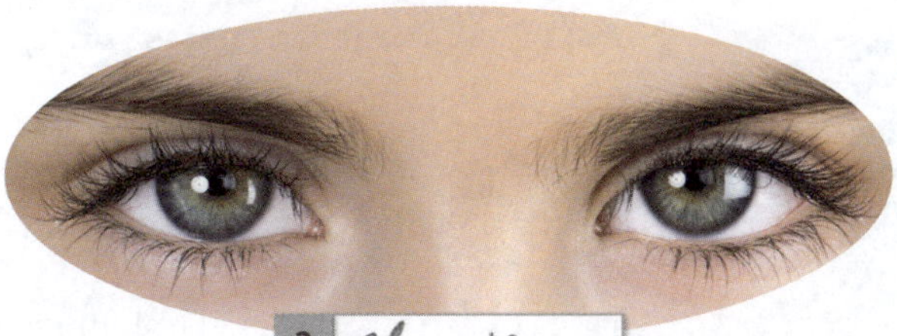

2 el ojo

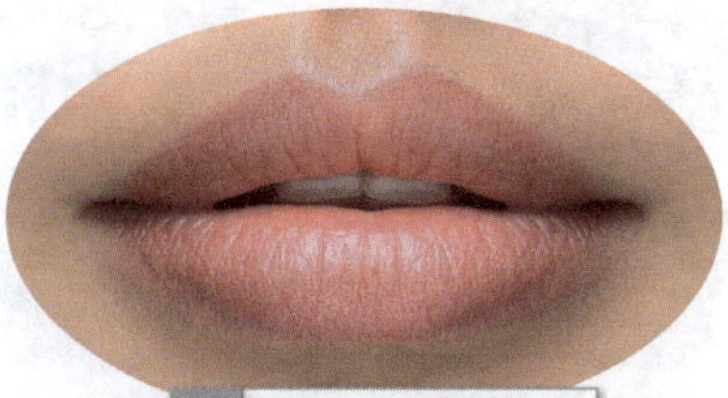

3 la boca

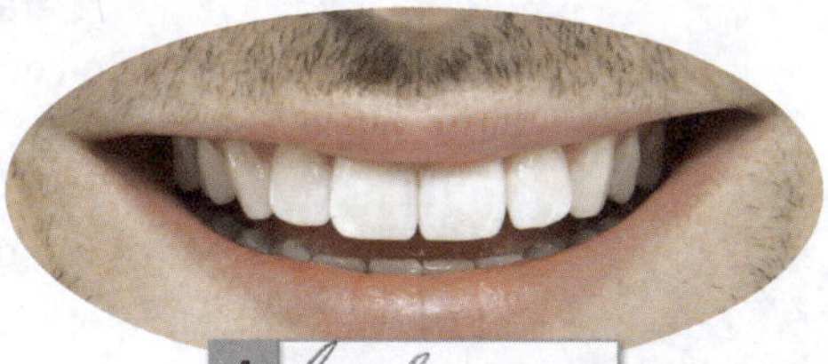

4 ~~la boca~~ los dientes

5 el pelo

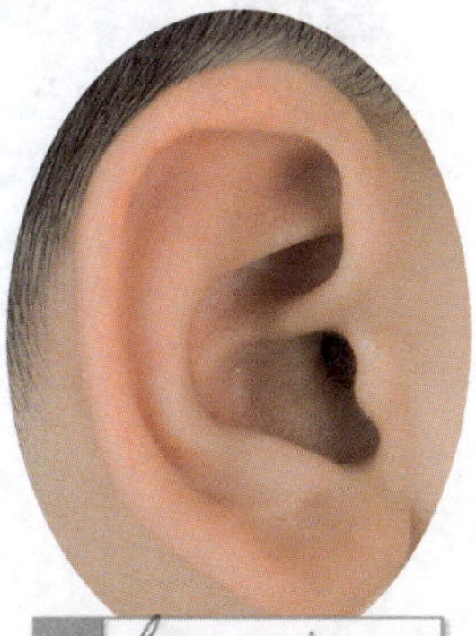

6 la oreja

4 Relaciona.

Jorge tiene...

1 [b] el pelo
2 [c] los ojos
3 [d] las piernas
4 [e] la nariz
5 [a] la cara

a redonda
b oscuro
c marrones
d largas
e no muy grande

Eva tiene...

1 [c] los ojos
2 [e] el pelo
3 [b] las piernas
4 [a] la cara
5 [d] la nariz

a alargada
b no muy largas
c azules
d chata
e rubio

5 Lee el texto.

La jirafa

La jirafa tiene los ojos grandes y oscuros. Tiene el cuello muy largo. Mide unos tres metros. La jirafa come hojas de los árboles con sus treinta y dos dientes. Las patas delanteras son más largas que las traseras.
Vive en la sabana en pequeños grupos de dos o tres individuos.

6 Corrige las frases, como en el ejemplo.

La jirafa vive en el desierto.
La jirafa vive en la sabana.

1 La jirafa tiene los ojos pequeños y claros.
La jirafa tiene los ojos grandes y oscuros.
2 Tiene las cuatro patas iguales.
Las patas delanteras son más largas.
3 La jirafa come carne.
La jirafa come hojas de los árboles
4 Tiene el cuello corto.
Tiene el cuello muy largo
5 Vive en grupos grandes.
Vive en pequeños grupos.

7 Completa el texto sobre el lince, utilizando las siguientes palabras.

~~orejas~~ • ~~ojos~~ • ~~cabeza~~ • ~~patas~~ • ~~cuerpo~~

El lince

La [1] cabeza del lince es pequeña como la del gato, pero su [2] cuerpo es seis veces más grande. Gracias a sus grandes [3] ojos, el lince caza por la noche, a la luz de la luna. Tiene las [4] orejas puntiagudas con pelos negros. Sus [5] patas traseras son muy largas. Con ellas salta sobre sus presas.
El lince es un animal solitario. Vive en los bosques.

GRAMÁTICA

• Verbo *doler* • Verbos *doler* y *gustar* • *Muy, mucho/-a/-os/-as*

1 Completa la tabla y después completa las frases.

(a mí)	***me***	duele la cabeza gusta el pan duelen los pies gustan las motos
(a ti)	te	
(a él / ella / Ud.)	le	
(a nosotros/-as)	nos	
(a vosotros/-as)	os	
(a ellos/-as / Uds.)	les	

1 A mí _me_ _duelen_ las piernas.
2 ¡A María _le_ _duelen_ las muelas!
3 A nosotros _nos_ _gustan_ las matemáticas.
4 ¿A vosotros _os_ _gusta_ el chocolate?
5 Ana, ¿a ti _te_ _gusta_ mi camisa nueva?
6 Voy al médico, _me_ _le duele_ la cabeza.

2 Completa las frases con las formas correspondientes de los verbos *doler* y *gustar*.

1 A ellos _les gusta_ la música.

2 A mí _me gustan_ los perros.

3 A María _le duele_ mucho la cabeza.

4 A mi gato _le gusta_ la leche.

5 A Antonia _le duelen_ las muelas.

6 ¿(A ti) _te gusta_ mi camisa?

7 A mí no _me gusta_ el fútbol.

8 (A mí) _me duelen_ las piernas.

9 A mis primos _les gustan_ los juegos de ordenador.

10 A mi madre _le gusta_ la ópera.

3 Ordena las frases.

1 ¿ / la / gusta / carne / os / ?
¿Os gusta la carne?

2 ¿ / las / te / muelas / duelen / ?
¿Te duelen las muelas?

3 no / la / mí / gusta / me / a / sopa
A mí no me gusta la sopa.

4 mucho / le / el / duele / estómago
El le duele mucho estómago.

5 ¿ / las / gustan / hamburguesas / te / ?
¿Te gustan las hamburguesas?

6 mañana / me / la / piernas / duelen / por / las
Por la mañana me duelen las piernas.

4 Elige la opción adecuada.

1 Rosa no **le / se** pinta los labios nunca.
2 María **le / se** sienta en el sillón marrón.
3 A Ángel **le / se** duele la cabeza todos los días.
4 No **le / se** gustan nada las películas de terror.
5 ¿**Le / Se** gusta el café con leche?
6 ¿**Le / Se** duele mucho la espalda?
7 ¿Por qué **le / se** levanta ya Pepe?
8 A Román **le / se** gustan mucho los pasteles de crema.
9 A Anita **le / se** duele el estómago después de comer.
10 Antonio **le / se** ducha antes de acostarse.

5 Completa con los pronombres correspondientes.

1 ¿A qué hora __os__ acostáis todos los días?
2 ¿A ti __te__ duele la espalda esta mañana?
3 Nosotros __nos__ levantamos muy tarde los domingos.
4 ¿A vosotros __os__ gusta el fútbol?
5 Yo no __me__ afeito por las mañanas, ______ afeito por la noche.
6 Ellos __se__ duchan también por la noche.
7 A mí __me__ duele hoy la pierna derecha.
8 ¿A ellos __les__ gustan las patatas fritas?
9 A Rosa y a Jaime no __les__ gusta nada tomar el sol.
10 Pepe no __se__ afeita nunca, ahora lleva barba.
11 ¿Vosotros __os__ acostáis después de comer?
12 Ellos __se__ acuestan siempre a dormir la siesta.

6 Mira la tabla y escribe lo que les gusta y lo que no les gusta.

	Coches	Música	Deporte	Animales
ANA	👍	👎	👍	👍
ELLOS	👎	👍	👍	👍

A Ana le gustan los coches.
A ellos no les gustan los coches.
A Ana no le gusta la música.
A ellos les gusta la música.
A Ana le gusta deporte.
A ellos les gusta deporte.
A Ana le gustan los animales.
A ellos les gustan los animales.

7 Corrige los errores.

1 A mí no le gustan los plátanos.
A mí no me gustan los plátanos.

2 A mis amigos les gusta los coches.
A mis amigos les gusta los coches.

3 ¿Te duelen la cabeza?
¿Te duele la cabeza?

4 A Juan le gusta las patatas.
A Juan le gustan las patatas.

5 A mí me duele los ojos por la mañana.
A mí me duelen los ojos por la mañana.

6 A Aitor les gustan la música clásica.
A Aitor le gusta la música clásica.

7 A mis abuelos le duele las piernas
A mis abuelos les duelen las piernas

8 ¿Les duelen la espalda?
¿Les duele la espalda?

8 **Observa el dibujo y haz frases, como en el ejemplo.**

(sillas / mesas) *En la clase hay muchas sillas pero no hay muchas mesas.*

1. libros / estanterías En la clase hay muchos libros pero no hay muchas estanterías
2. ventanas / puertas En la clase hay muchas ventanas pero no hay muchas puertas.
3. pósteres / mapas En la clase hay muchos pósteres pero no hay muchos mapas
4. ordenadores / radios En la clase hay muchos ordenadores pero no hay muchas radios
5. mesas / ordenadores En la clase hay muchas mesas pero no hay muchos ordenadores.

9 **Completa las frases con *muy, mucho/-a/-os/-as*.**

1. Mi casa es muy bonita.
2. Comemos Muchas patatas.
3. La música está muy alta.
4. No tengo Mucho dinero.
5. Yo llego al instituto muy pronto.
6. No hay mucho niños en el patio.
7. Bebo mucha agua.
8. Me duelen mucho los pies.
9. El agua está muy fría.
10. Yo como mucha fruta.
11. Mis hijos no tienen Muchos juguetes.
12. A Pepe le gustan Muchos los macarrones con tomate.
13. Mi primo Eduardo se levanta Muy tarde los domingos.
14. Nosotros vivimos en una casa ni Muy grande ni Muy pequeña.
15. ¿Has comprado Muchas cosas para la fiesta?
16. Mis vecinos tienen mucho dinero.
17. Rosalía va muy veces al cine.
18. No me gusta esta calle porque tiene mucho ruido.
19. Mi profesor trabaja muy y gana poco.

mucho + nombres; verbos

muy + adjectivo + adverbio

COMUNICACIÓN

• Descripción de personas • Expresar identidad

1 Fíjate en los dibujos y señala en la tabla la opción correcta.

	ES...				TIENE EL PELO...
	joven mayor	alto/-a bajo/-a	grueso/-a delgado/-a	moreno/-a rubio/-a	largo corto
Sra. García	*mayor*	*baja*	*gruesa*	*rubia*	*corto*
Sr. Pérez	mayor	alto	delgado	moreno	corto
Alberto	joven	bajo	grueso	rubio	corto
María	joven	alta	delgada	morena	largo

2 Ahora describe a los personajes utilizando el vocabulario del ejercicio anterior.

Sra. García	*Es mayor, baja, gruesa, rubia y tiene el pelo corto.*
Sr. Pérez	Es mayor, alto, delgado, moreno y tiene el pelo corto
Alberto	Es joven, bajo, grueso, rubio y tiene el pelo corto
María	Es joven, alta, delgada, morena y tiene el pelo largo

3 Haz preguntas a Alicia sobre su padre.

1 ¿Como se llama?
Se llama Tomás.

2 ¿Cuantos años tiene?
Cuarenta y cinco.

3 ¿Como ~~es~~ tiene su pelo?
Tiene el pelo castaño.

4 ¿Como tiene los ojos?
Tiene los ojos negros.

5 ¿Es alto o bajo?
No, es bastante alto.

4 Ordena la conversación.

- [7] Sí, tiene los ojos azules.
- [2] ¿Ah, sí? ¿Cómo se llama?
- [6] ¿Tiene los ojos azules?
- [8] Ya sé quien es. Es Susana Álvarez, mi prima.
- [4] Conozco a tres Susanas. ¿De qué color tiene el pelo?
- [1] Estoy enamorado.
- [5] Tiene el pelo rubio y bastante largo.
- [3] Susana. ¿La conoces?

DESTREZAS

• Descripciones físicas

Leer

1 Primero lee sobre Sofía. Después, completa la tabla.

Sofía tiene doce años y vive en un pueblo en la montaña. Tiene el pelo largo y rubio. Los ojos azules y la nariz pequeña.
Es muy alta, mide más de 1,60 m y juega muy bien al baloncesto.
Para estar en forma, come muchas verduras y bebe mucha leche.

Nombre	Sofía
Edad	doce
Estatura	muy alta
Deporte	baloncesto
Comidas	verduras y leche
Descripción	Ojos: azules Pelo: largo y rubio

Escuchar

2 Escucha la conversación entre Paloma y Ángela. ¿Quién es el novio de la hermana de Paloma?

3 Escucha de nuevo y completa la tabla.

Nombre	
Estatura	
Deporte	
Comidas	
Descripción	Ojos: Pelo:

Escribir

4 Describe físicamente a tu compañero. ¿Cuáles son sus aficiones?

Mi compañero se llama Dorka.
Es muy alta. Tiene quince años y es hungara. Tiene el pelo oscuro rubio y tiene ojos castaños. Su comida favorita es pizza.

La ropa

9

VOCABULARIO

• Ropa

1 Escribe los nombres de las siguientes prendas de vestir.

camisa • abrigo • gorra • guantes • chaqueta • pantalones • zapatos • falda • sudadera • corbata • jersey • cazadora

1 chaqueta

2 guantes

3 jersey

4 sudadera

5 abrigo

6 corbata

7 falda

8 pantalones

9 zapatos

10 gorra

11 cazadora

12 camisa

2 Encuentra ocho prendas de vestir.

B	A	J	C	C	D	U	Z	E	C
F	B	U	F	A	N	D	A	R	H
H	J	I	A	Z	L	N	P	A	Á
G	O	C	L	A	N	D	A	O	N
Q	O	S	D	D	E	T	T	D	D
V	Z	R	A	O	P	A	I	Z	A
C	A	S	R	R	T	B	L	M	L
K	N	M	B	A	E	I	L	N	O
P	C	O	R	B	A	T	A	D	F
V	A	Q	U	E	R	O	S	T	U

3 Describe cómo vas vestido hoy.

Llevo puesto una camiseta azul y vaqueros azules. También llevo puestas zapatillas deportivas blancas.

GRAMÁTICA

• Pretérito indefinido de *ir* y *estar* • Marcadores temporales del pasado • Interrogativos

1 Relaciona.

1 ☐ ¿Te gustan mis pantalones?
2 ☐ ¿Qué precio tiene esta camisa?
3 ☐ ¿Puedo probarme estos vaqueros?
4 ☐ ¿Desea algo más?
5 ☐ Buenos días, ¿qué desea?
6 ☐ ¿De qué talla?
7 ☐ ¿De qué color es tu falda?
8 ☐ ¿Qué lleva hoy Luis?

a Unos vaqueros y una camiseta roja.
b Sí, claro, allí están los probadores.
c Sí, ¿tienen faldas estrechas?
d De la 36, por favor.
e Roja, ¿y la tuya?
f Quería un abrigo.
g Sí, son preciosos.
h 32 euros.

2 Completa la tabla con el pretérito indefinido de los verbos *ir* y *estar*.

	ir	**estar**
yo	fui	estuve
tú	fuiste	estuviste
él / ella / Ud.	fue	estuvo
nosotros/-as	fuimos	estuvimos
vosotros/-as	fuisteis	estuvisteis
ellos / ellas / Uds.	fueron	estuvieron

3 Completa las frases con las formas correspondientes de los verbos *ir* y *estar* en pasado.

1 Mis amigos fuenon (ir) al cine ayer.
2 Daniel y su hermana no estuvieron (estar) en el instituto el lunes.
3 Elisa fue (ir) a la piscina el domingo.
4 Manuel estuvo (estar) en su casa ayer por la tarde.
5 ¿A dónde fuiste (ir / tú) el sábado por la mañana?
6 Ayer estuve (estar / yo) en el partido de fútbol.
7 Tú no estuvisten (estar) en clase ayer.
8 La semana pasada fui (ir / yo) al teatro con mis padres.
9 Nosotros no fuimos (ir) a la fiesta de fin de curso.
10 ¿Estuvieron (estar) tus padres y tú en la ópera el sábado?

4 ¿*Estar* o *ir*?

1 Ayer Roberto **estuvo / fue** al teatro con sus amigos del barrio.
2 El lunes **estuvimos / fuimos** todos en el Museo del Prado con nuestro profesor de Arte.
3 ¿**Estuviste / Fuiste** el viernes a jugar al fútbol?
4 ¿A dónde **estuvieron / fueron** tus padres ayer?
5 Ayer **estuve / fui** al médico porque me dolía mucho la pierna derecha.
6 Yo no **estuve / fui** a ningún sitio, me quedé en casa, con mis abuelos.
7 Javier y Marta **estuvieron / fueron** en mi casa el sábado por la tarde.
8 ¿A dónde **estuviste / fuiste** de vacaciones el verano pasado?

Yo fui a ...
¿Dónde estuviste ayer? fuiste

5 **Lee lo que cuenta Carolina sobre su visita a Córdoba.**

Cosas que hacer y ver en la ciudad histórica de Córdoba

El verano pasado estuve con mis padres en la ciudad de Córdoba, al sur de España, en Andalucía. Córdoba es una ciudad muy antigua con restos arqueológicos árabes y judíos.

Fui con mis padres a visitar los monumentos más importantes. Por la mañana estuvimos en la Mezquita, después fuimos al Alcázar de los Reyes y al barrio judío. Mis padres estuvieron tomando un aperitivo, mientras yo fui con mi hermana a ver el río Guadalquivir. Después de un día muy divertido, nos fuimos al hotel para descansar y volver al día siguiente en tren.

Alcázar

Mezquita

Guadalquivir

6 **Corrige las frases.**

Mis primos y yo fuimos a Córdoba.
Mis padres y yo fuimos a Córdoba.

1 Córdoba tiene restos árabes y griegos.

2 Estuvimos en la Mezquita por la tarde.

3 Mi hermana y yo fuimos a tomar un aperitivo.

4 Fui con mis padres a ver el río Guadalquivir.

5 Al día siguiente nos fuimos en avión.

7 ¿Dónde estuvieron?

1 Laura / en el instituto

2 Tomás y Roberto / en casa

3 Mi hermano y yo / en el cine

4 Luis Fernando y tú / en el supermercado

5 Tus padres y tú / en un restaurante

8 Completa el texto con las formas correspondientes del pasado de los verbos *estar* e *ir*.

Ayer, como todas las mañanas, Pedro [1] ___ al instituto a las ocho y media de la mañana. Él y sus compañeros [2] ___ en clase hasta las dos y cuarto. Después, Pedro [3] ___ a comer a casa. Por la tarde, [4] ___ con sus amigos en el parque. A las ocho de la tarde, [5] ___ a casa y [6] ___ con sus padres hasta la hora de acostarse.

9 Escribe las frases en el orden correcto.

1 ¿ / el / dónde / verano / estuviste / pasado / ?

2 casa / ayer / de / fui / a / Alberto

3 en / con / parque / no / primos / estuve / el / mis

4 fue / sábado / tu / supermercado / al / madre / el

5 ¿ / amigos / fiesta / la / tus / estuvieron / en / el / domingo / ?

6 verano / estuvieron / primos / el / pasado / mis / Argentina / en

7 no / teatro, / yo / fui / al / ayer / casa / pequeños / mis / con / mi / hermanos / estuve / en

8 Ángel / su / estuvieron / y / familia / amigo / vacaciones / mi / en / de / Noruega. / Nosotros / abuelos / mis / al / fuimos / con / pueblo

9 • ¿ / curso / Eva / fin / de / viaje / fue / al / de / ?
▪ playa / en / estuvo / no, / la / padres / sus / con.

10 • ¿ / tarde / el / dónde / lunes / por / estuviste / la / ?
▪ con / fui / amigos / de / compras / mis

10 Contesta con tus propias respuestas.

1 ¿Dónde estuviste ayer entre las siete y las nueve de la noche?

2 ¿Quién estuvo contigo?

3 ¿Hasta qué hora estuviste?

4 ¿A dónde fuiste el fin de semana?

5 ¿Quién fue contigo?

6 ¿Dónde comiste ayer?

7 ¿Qué comiste?

8 ¿Quién comió contigo?

11 Completa la tabla con los siguientes complementos.

la pelota • Ismael • a las cinco • el lunes
Marina • mi amiga • en mi casa • el piano
los libros • en la clase • en el cine • mañana

Qué	Quién	Cuándo	Dónde

12 Completa con *quién, qué, cuándo, dónde.*

1 • ¿__________ fue contigo al zoo?
▪ Mi tía Isabel.

2 • ¿__________ comes los domingos?
▪ En un restaurante chino.

3 • ¿__________ haces por las tardes?
▪ Los deberes.

4 • ¿__________ fuiste a Barcelona?
▪ El verano pasado.

5 • ¿__________ está tu diccionario?
▪ En mi cartera.

6 • ¿__________ es esto?
▪ Es un regalo para ti.

7 • ¿__________ está la biblioteca?
▪ Está cerca.

8 • ¿__________ estuvo en tu casa ayer?
▪ Mi primo Andrés.

9 • ¿__________ deporte haces?
▪ Natación.

10 • ¿__________ estuviste en Galicia?
▪ Hace dos años.

13 Escribe las preguntas correspondientes.

1 • ¿__________?
▪ Juanjo Martínez.

2 • ¿__________?
▪ Soy francés, de París.

3 • ¿__________?
▪ Trece.

4 • ¿__________?
▪ La Lengua y la Música.

5 • ¿__________?
▪ Sí, tengo un hermano mayor.

6 • ¿__________?
▪ Miguel, como mi padre.

7 • ¿__________?
▪ Quince, dos más que yo.

8 • ¿__________?
▪ Las tres y media.

9 • ¿__________?
▪ A las siete y media de la mañana.

10 • ¿__________?
▪ No, no me gusta nada.

COMUNICACIÓN

• Preguntar por acciones en el pasado

1 Observa los dibujos y contesta a las siguientes preguntas, como en el ejemplo.

¿A dónde fuiste el viernes por la tarde?

Fui al cine.

1 ¿Dónde estuviste ayer por la noche?

____

2 ¿A dónde fuiste el sábado por la mañana?

____

3 ¿Dónde estuvieron tus tíos de vacaciones?

____

4 ¿A dónde fuiste con tu hermano el domingo por la mañana?

____

2 En parejas. Uno formula preguntas con la información de la columna A, y el otro responde con una de las opciones de la columna B.

- *¿Con quién fuiste al zoo?*
- *Fui al zoo con mi hermana.*

1 • _______________________
▪ _______________________

2 • _______________________
▪ _______________________

3 • _______________________
▪ _______________________

4 • _______________________
▪ _______________________

5 • _______________________
▪ _______________________

6 • _______________________
▪ _______________________

A	B
1 zoo / tú	a mi amigo Marcos
2 parque / nosotros	b mis padres
3 clase de español / ellas	c mis compañeros
4 teatro / él	d mi hermana
5 piscina / vosotras	e Lucía y María
6 casa de mis abuelos / yo	f tus primos

DESTREZAS

• Barcelona

Leer

1 Lee el siguiente texto sobre Barcelona.

Barcelona es la capital de la comunidad de Cataluña. Es una ciudad muy bonita, situada entre la montaña y el mar Mediterráneo. Además, es una ciudad muy antigua, en ella estuvieron los romanos desde el siglo I antes de Cristo. Todavía podemos ver los restos de la muralla romana al lado de la Catedral.

La catedral es del siglo XIII. Al lado de la Catedral podemos ver el Barrio Gótico, que es el barrio más antiguo de la ciudad.

Muy cerca están las Ramblas, un paseo que llega hasta el puerto. También podemos ver la Sagrada Familia, una iglesia del famoso arquitecto Gaudí. Es la segunda ciudad más grande de España.

2 Corrige las siguientes afirmaciones.

1 Barcelona es la capital de España.

____

2 Barcelona está situada entre montañas.

____

3 La Sagrada Familia es un paseo cerca del puerto.

____

4 La Catedral es del siglo XIX.

____

5 El Barrio Gótico es un barrio moderno.

____

6 Barcelona no tiene puerto.

____

Escuchar

3 Ahora vas a escuchar a Luis y Marta hablando de Barcelona. Señala en qué lugares ha estado Marta.

La Sagrada Familia ☐

Puerto ☐

La Pedrera ☐

Mercado de la Boquería ☐

La catedral ☐

Las Ramblas ☐

Parque Güell ☐

Barrio Gótico ☐

Campo de fútbol del Barcelona (Camp Nou) ☐

Museo Nacional de Arte de Cataluña ☐

Escribir

4 Escribe en tu cuaderno un mensaje a un amigo contándole las cosas que se pueden ver y hacer en la ciudad turística más próxima a tu casa.

Apéndice

REFUERZO MI VOCABULARIO

ALGO MÁS

VÍDEOS

TRANSCRIPCIONES

REFUERZO MI VOCABULARIO

Objetos de clase

1 **Relaciona las palabras con el objeto correcto.**

papelera • portátil • archivador • carpetas • mapa • pizarra digital • rotuladores • pinturas • cartulinas

1 ______

2 ______

3 ______

4 ______

5 ______

6 ______

7 ______

8 ______

9 ______

2 **Escribe las letras en el orden correcto para formar palabras.**

a e
t r i
j s

1 ______

l
b o
r i

2 ______

c l
o i m
h a

3 ______

p u
r t i
n a

4 ______

a p
e r l e
a p

5 ______

r t a
l c a
u i n

6 ______

Recursos para la clase

3 **¿Cómo se dice en tu idioma?**

1 ¿Cómo se deletrea "ordenador"?

______

2 ¿Puedes repetir, por favor?

______

3 ¿En qué página estamos?

______

4 • ¿Me entiendes?

▪ Lo siento, pero no te entiendo bien.

• ______

▪ ______

PARA RECORDAR

Escribe 10 palabras aprendidas en español:

______ ______
______ ______
______ ______
______ ______
______ ______

ALGO MÁS

AICLE Ciencias Sociales. España y Latinoamérica

1 Lee el cuestionario y señala la respuesta correcta.

1 ¿Cuál es la capital de España?
 a Madrid
 b Barcelona
 c Sevilla

2 ¿Cuál es el mar de América Central?
 a Mediterráneo
 b Atlántico
 c Caribe

3 ¿Qué río pasa por Perú, Colombia y Brasil?
 a Amazonas
 b Río de la Plata
 c Nilo

4 ¿Cuál es la comida típica de México?
 a La paella
 b Los tacos
 c El ceviche

5 ¿Dónde está el Machu Picchu?
 a España
 b Perú
 c Colombia

6 ¿Cuál es el país con más hablantes de español?
 a España
 b Argentina
 c México

7 ¿Qué se encuentra en la frontera entre Brasil y Argentina?
 a El río Amazonas
 b Las cataratas de Iguazú
 c El desierto de Atacama

8 ¿Cómo se llama el glaciar que está en Argentina?
 a Perito Moreno
 b Pirineos
 c Grey

9 ¿Cómo se llama la enorme estatua de Rio de Janeiro?
 a Libertad
 b Cristo Redentor
 c David

REFUERZO MI VOCABULARIO

Países y nacionalidades

1 Encuentra en la sopa de letras nueve países donde se habla español y escribe la nacionalidad al lado.

B	F	E	C	P	E	R	Ú	M
E	L	U	H	G	R	M	V	E
C	O	R	I	J	T	É	D	S
U	R	U	L	L	N	X	Q	P
A	R	G	E	N	T	I	N	A
D	C	U	B	A	G	C	G	Ñ
O	K	A	G	D	P	O	N	A
R	Q	Y	R	T	D	O	G	W
S	C	O	L	O	M	B	I	A

	PAÍS	NACIONALIDAD
1		
2		
3		
4		
5		
6		
7		
8		
9		

Días de la semana

2 Pon los días de la semana en el orden correcto.

miércoles • viernes • domingo
~~lunes~~ • jueves • sábado • martes

1 *lunes*
2 ______
3 ______
4 ______
5 ______
6 ______
7 ______

Asignaturas

3 Completa con el nombre de la asignatura que corresponde al dibujo.

PARA RECORDAR

Escribe el nombre de tus asignaturas y en qué días tienes clase:

______
______
______
______
______
______

ALGO MÁS

AICLE Matemáticas. Jugando con los números

1 Une el número ordinal con su nombre.

1.º	tercero
2.º	quinto
3.º	primero
4.º	sexto
5.º	segundo
6.º	octavo
7.º	cuarto
8.º	noveno
9.º	séptimo
10.º	décimo

2 (10) Escucha, comprueba y repite.

3 Completa la frase con el número ordinal correspondiente ayudándote del dibujo.

1

En el torneo de Roland Garros 2020, Rafael Nadal fue el ____________ 

y Djokovic fue el ____________ 

.

2

Juan vive en el ____________ 

piso, debajo del sexto.

3

En el mundial de fútbol de 2018, Bélgica fue la ____________ 

.

4

María entra la ____________ 

en la meta.

5

Sao Paulo es la ____________ 

ciudad más poblada del mundo.

4 Escribe los números.

40	a ____________	50	f ____________
70	b ____________	30	g ____________
10	c ____________	100	h ____________
60	d ____________	20	i ____________
90	e ____________	80	j ____________

5 Añade los números para completar el crucigrama y averigua el número escondido en vertical.

1 seis + nueve =
2 tres + uno =
3 ocho + doce =
4 once + siete =
5 diez + tres =
6 ocho + cuatro =
7 siete + nueve =

6 ¿Cómo eres de rápido realizando estas operaciones?

1 cinco x nueve = ____________
2 cien – veinticinco = ____________
3 ochenta y seis – treinta y dos = ____________
4 Somos seis amigos y tenemos sesenta euros, ¿a cuántos euros tocamos cada uno? ____________
5 El domingo voy al cine con mi familia; somos cuatro y la entrada cuesta 9,50 euros. ¿Cuánto tenemos que pagar en total?
____

REFUERZO MI VOCABULARIO

Parientes

1 **Coloca cada palabra en el grupo que corresponde y añade el género que falta. Usa el diccionario si lo necesitas.**

~~cuñada~~ • sobrino • gemelo • bisabuela
~~abuelos~~ • padres • yerno • abuelo
suegro • nuera • sobrinos • hija unica

femenino	*cuñada*	*abuelos*
masculino	*cuñada*	

2 **Completa cada recuadro con la letra adecuada para formar la palabra que corresponde.**

1 La mujer de mi hijo es mi □□□□□ (_ 3 4 _ 1)

2 El hijo de tu hermano o hermana es tu □□□□□□□ (_ 6 2 _ _ _ 6)

3 El marido de mi hermana es mi □□□□□□ (_ 3 _ 1 _ 6)

4 Los padres de mi mujer son mis □□□□□□□ (_ 3 4 _ _ 6 _)

5 Mi hermana y yo somos □□□□□□□ (_ 4 _ 4 5 1 _), nacimos a la vez.

6 No tengo hermanos, soy □□□□ (_ _ _ 6) □□□□□ (3 _ _ _ 6).

Ahora escribe las letras y forma una palabra relacionada con la familia.

□□□□□□ (1 2 3 4 5 6)

3 **Escribe la frase utilizando los códigos numéricos.**

A	B	C	D	E	F	G	H	I	J	K	L	M	N	Ñ	O	P	Q	R	S	T	U	V	W	X	Y	Z
1	2	3	4	5	6	7	8	9	10	11	12	13	14	15	16	17	18	19	20	21	22	23	24	25	26	27

□□ 12 1 / □□□□□ 13 1 4 19 5 / □□ 4 5 / □□ 13 9 / □□□□□□ 1 2 22 5 12 1 / □□ 5 20 / □□ 13 9 / □□□□□□□□□ 2 9 20 1 2 22 5 12 1

4 **Dibuja el árbol genealógico de tu familia escribiendo el nombre, la edad, la nacionalidad, la profesión de cada uno y la ciudad donde viven. Fíjate en el ejemplo.**

María, 70 años, argentina, jubilada. Toledo

Marcos, 75 años, español, jubilado. Toledo

[...] [...] [...]

5 **Cambia tu árbol genealógico con el de tu compañero y escribe un pequeño texto presentándolo a él / ella y a su familia.**

Patricia tiene 16 años. Sus abuelos se llaman Marcos y María, viven en Toledo. Su abuelo es español, tiene 75 años y es jubilado. Su abuela...

PARA RECORDAR

Escribe el nombre de:
- mi primo favorito: ____________
- mi tía favorita: ____________
- el suegro de mi padre / madre: ____________
- la nuera de mi abuela: ____________

ALGO MÁS

AICLE Arte. Pintores y sus estilos

1 Relaciona las palabras con el dibujo.

figuras geométricas • **ángulo** • **línea** • **punto** • **óvalo**

1 ____

2 ____

3 ____

4 ____

5 ____

2 Lee los textos. Luego relaciona las pinturas con el pintor correspondiente y su estilo.

Nombre: Georges-Pierre Seurat
Nacionalidad: Francés
Nacimiento: 2 de diciembre de 1859, París (Francia)
Fallecimiento: 29 de marzo de 1891, París (Francia)
Estilo: Neoimpresionismo
Técnica:
- Puntillismo: puntos de color que se mezclan vistos en la distancia
- Colores cálidos y líneas hacia arriba (alegría), colores cálidos y fríos y líneas horizontales (calma) y colores oscuros y fríos con líneas hacia abajo (tristeza)

Nombre: Pablo Ruiz Picasso
Nacionalidad: Español
Nacimiento: 25 de octubre de 1881, Málaga (España)
Fallecimiento: 8 de abril de 1973, Mougins (Francia)
Estilo: Cubismo
Etapas importantes en su pintura:
- Etapa Azul: figuras delgadas, estiradas y tristes. Colores fríos (azul y verde)
- Etapa Rosa: colores cálidos (rojo, naranja y rosa)
- Cubismo: líneas, superficies y figuras geométricas (círculo, cuadrado, triángulo y rectángulo).

Nombre: Piet Mondrian
Nacionalidad: Holandés
Nacimiento: 7 de marzo de 1872, Utrecht (Países Bajos)
Fallecimiento: 1 de febrero de 1944, Nueva York (EE. UU.)
Estilo: Abstracto
Técnica:
- Líneas verticales y horizontales, sin curvas, solo ángulos rectos
- Colores primarios: rojo, amarillo, azul y negro

1

Tarde de domingo en la isla de la Grande Jatte

- Pintor: ____
- Etapa/Técnica: ____

2

El viejo guitarrista ciego

- Pintor: ____
- Etapa/Técnica: ____

3

La Familia de Saltimbanquis

- Pintor: ____
- Etapa/Técnica: ____

4

Composición en rojo, amarillo, azul y negro

- Pintor: ____
- Etapa/Técnica: ____

REFUERZO MI VOCABULARIO

Alimentos

1 **Clasifica estos alimentos por el momento en que los comes. Algunos pueden estar en más de una columna. Después, escribe un alimento de tu país en cada columna.**

bocadillo • cereales • chocolate churros • ensalada • verduras jamón • zumo • leche • galletas legumbres • hamburguesa pescado • tostada • huevos paella • fruta • filete • batido

desayuno	almuerzo	comida	merienda	cena

2 **Completa con las siguientes palabras.**

zanahorias • pavo • calamares • espinacas • sandía • mejillones • brócoli • pollo • piña • salmón • ternera • uvas

COMIDAS

verduras
_______, _______, _______

frutas
_______, _______, _______

pescado
_______, _______, _______

carne
_______, _______, _______

PARA RECORDAR

Escribe:
- tres alimentos que como a menudo: _______, _______, _______
- tres alimentos que no me gustan: _______, _______, _______
- tres alimentos sanos: _______, _______, _______
- mis tres comidas favoritas: _______, _______, _______

3 **Une los elementos de las dos columnas y, después, relaciona con la foto correcta.**

una pizca de	azúcar
una taza de	pan
una cucharada de	sal
una lata de	bombones
una caja de	café
una rebanada de	sardinas

1 _______

2 _______

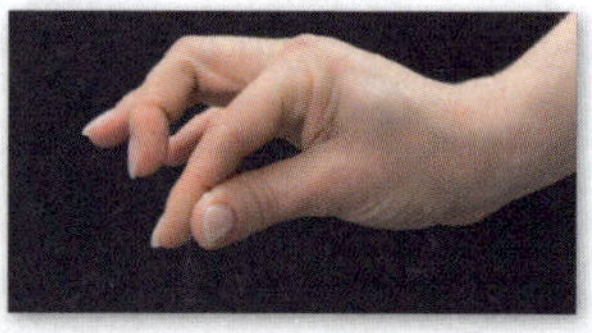
3 _______

4 _______

5 _______

6 _______

ALGO MÁS

AICLE Ciencias Naturales. Salud: ¿te alimentas bien?

1 **Comenta con tu compañero qué ingredientes pueden tener los siguientes productos.**

una hamburguesa | un zumo

2 **Lee el texto y comprueba tus respuestas del ejercicio anterior.**

¿Te alimentas bien?

Estás en una hamburguesería con tus amigos. Tienes mucha hambre y comes una hamburguesa de carne y bebes un brik de zumo de naranja.
Pero, ¿sabes qué contienen estos alimentos?
Seguro que la hamburguesa tiene carne, queso, tomate, lechuga... Pero también hay algunos ingredientes extra. Por ejemplo: sal, azúcar, conservantes o colorantes. Con frecuencia la carne de las hamburguesas contiene hormonas para criar a los animales más deprisa.

Lo mismo ocurre con el zumo de naranja del brik. Su contenido lleva una pequeña parte de zumo de naranja. Puede tener agua, azúcar y, a veces, productos químicos.
Por todo esto, no es bueno comer muchos alimentos elaborados. Los productos frescos y la comida casera son mejores: no tienen conservantes ni productos químicos añadidos.

3 **Lee el texto otra vez y di si las siguientes afirmaciones son verdaderas (V) o falsas (F).**

1 La hamburguesa y los zumos de una hamburguesería tienen pocos ingredientes. ☐
2 No hay nada de carne en una hamburguesa. ☐
3 Los zumos no contienen frutas. ☐
4 Los alimentos duran más cuando tienen conservantes. ☐
5 Los productos frescos no son sanos. ☐

4 **Contesta a las preguntas.**

1 ¿Piensas que lo que comes habitualmente es fresco y sano?

____

2 ¿Qué prefieres: la comida hecha en casa, o la de un restaurante de comida rápida?

____

5 **Fíjate en los horarios y en los nombres de las diferentes comidas en España. Escribe el nombre de las comidas en tu idioma y los horarios en que las tomas.**

ESPAÑA		MI PAÍS	
nombre	horario	nombre	horario
desayuno	7:00-9:00		
almuerzo	10:30-12:00		
comida	13:30-15:00		
merienda	17:00-18:00		
cena	20:00-22:00		

REFUERZO MI VOCABULARIO

Mobiliario y partes de la casa

1 **Ralaciona las fotos con el nombre de los objetos.**

1

2

3

4

- **a** portátil
- **b** lavavajillas
- **c** móvil
- **d** horno

2 **Elimina el intruso y añade otra palabra como en el ejemplo.**

recibidor: lámpara, ~~bañera~~, alfombra, ***espejo***

1 **cuarto de baño:** ducha, lavabo, televisión, ______________

2 **dormitorio:** armario, espejo, fregadero, ______________

3 **cocina:** cama, frigorífico, lavadora, ______________

4 **salón-comedor:** mesa, sillón, bañera, ______________

Alojamientos para las vacaciones

3 **Completa con el nombre del alojamiento que corresponde a cada foto.**

1 ______________

2 ______________

3 ______________

ALOJAMIENTOS

4 ______________

5 ______________

6 ______________

7 ______________

PARA RECORDAR

Completa las frases sobre ti:

- Mi habitación favorita es ______________ porque ______________.
- En mi dormitorio hay ______________, ______________, y ______________.

ALGO MÁS

AICLE **Informática.** Cómo hacer una presentación digital

1 Lee los consejos para hacer una buena presentación.

	Lo que debes hacer	Lo que no debes hacer
Diapositivas	• Frases cortas • Máximo cinco ideas en cada diapositiva • Usa imágenes para reforzar la idea	• Frases largas o textos completos • Mucha animación
Letras	• Letra de 20 puntos como mínimo • Diferentes tamaños para títulos y texto • Letra fácil de leer	• Letra muy pequeña
Color	• Color de letra que contraste con el fondo	• Un color diferente para cada idea
Fondo	• Un fondo sencillo	• Diferentes fondos
Gráficos	• Usa gráficos sencillos y claros	• Gráficos con muchos datos

2 Subraya la palabra correcta para cada consejo.

1 Usa un **color / fondo** sencillo y una letra no muy **pequeña / grande**.
2 Debes poner un máximo de cinco **tamaños / ideas** por cada diapositiva.
3 Si quieres mostrar **animación / datos**, utiliza gráficos.
4 El tipo de letra debe ser **corta / fácil** de leer.
5 Utiliza frases **cortas / completas** y refuérzalas con **color / imágenes**.

3 Mira los ejemplos de diapositivas y di cuál es la mejor y por qué.

A
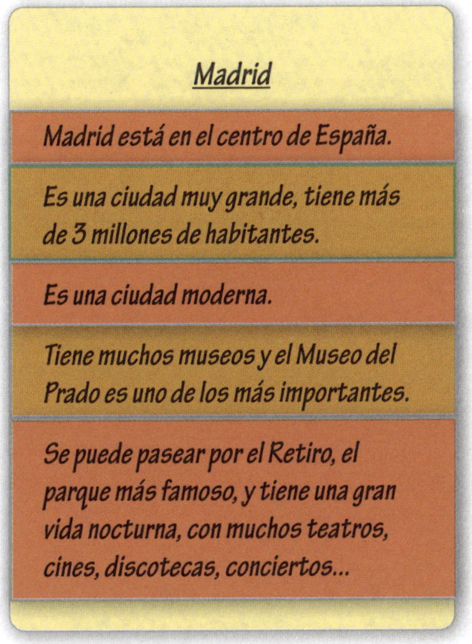

B
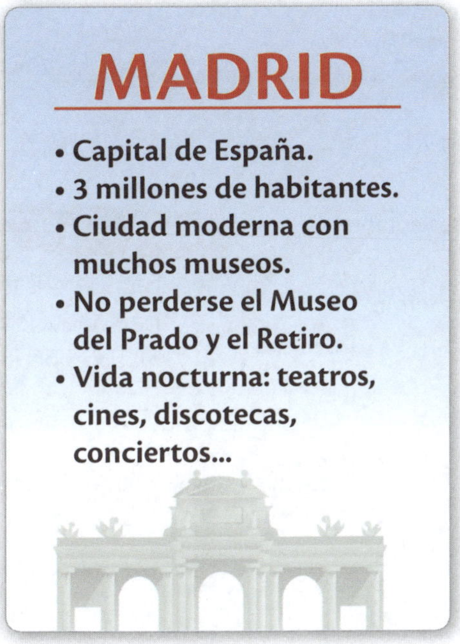

C
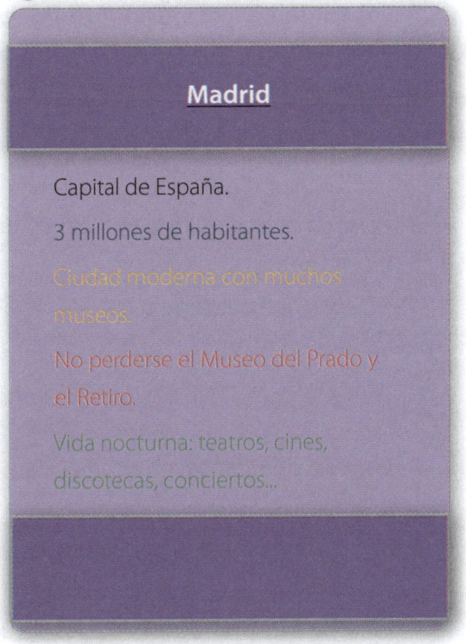

4 Prepara una diapositiva sobre tu ciudad / dormitorio ideal.

REFUERZO MI VOCABULARIO

Verbos

1 Relaciona los verbos con las fotografías.

cerrar • cortar • estudiar • escribir • dormir • comprar • pasear • jugar

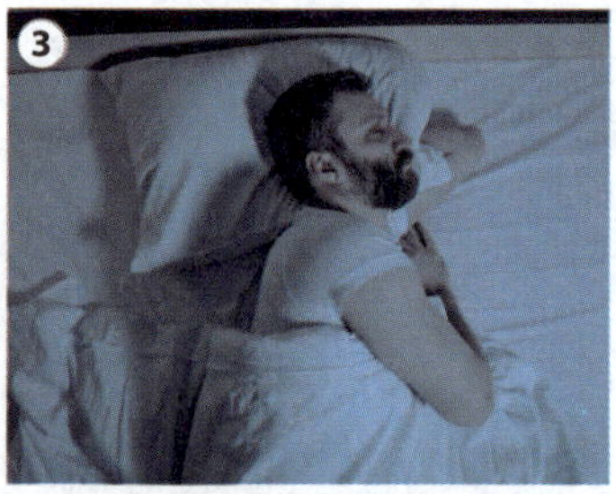

Profesiones

2 Relaciona las palabras con sus definiciones.

secretaria/-o • recepcionista • mecánico/-a
dependiente /-a • veterinario/-a • periodista
enfermero/-a • cocinero/-a

1 Doctor de animales: __________.
2 La persona que arregla los coches es un __________.
3 Persona que prepara la comida en un restaurante: __________.
4 Persona que cuida de ti cuando estás enfermo: __________.
5 Persona que trabaja en una oficina: __________.
6 Persona que trabaja en una tienda: __________.
7 Persona que te atiende cuando llegas al hotel: __________.
8 Persona que escribe las noticias de un periódico: __________.

3 Escribe frases con algunas de las profesiones del ejercicio anterior.

PARA RECORDAR

Escribe seis frases sobre las profesiones de personas de tu familia, amigos...:
Mi tía es periodista.

ALGO MÁS

AICLE Música. Instrumentos de la orquesta

1 **Lee el texto sobre la orquesta sinfónica.**

Existen varios tipos de orquesta, pero la **orquesta sinfónica** puede llegar a tener hasta 100 **músicos**. Hay cuatro grupos de instrumentos: **cuerda, viento-metal, viento-madera** y **percusión**.

Al frente de la orquesta se encuentra el **director** y, junto a él, los instrumentos de **cuerda,** que son los más numerosos: **violines**, **violas**, **violonchelos**, y el más grande de todos, el **contrabajo**.

Detrás de los violines y las violas están las **flautas** (el más pequeño en esta zona), los **oboes**, los **clarinetes** y los **fagots**. Después de este grupo se sientan los de **viento-metal**: las **trompetas**, los **trombones** y la **tuba**.

Al fondo de la orquesta, está la sección de **percusión**, donde se encuentran los **tambores**, los **platillos** y el **triángulo**, entre otros.

Ahora busca en el texto:

1 ¿Cuántos grupos de instrumentos hay en una orquesta? ____________

2 Delante de la orquesta están los instrumentos de ____________.

3 Las flautas están detrás de ____________ y delante de ____________.

4 La persona que dirige la orquesta se llama ____________ y los que tocan la música se llaman ____________.

2 **Escribe en la etiqueta el nombre del instrumento que está numerado.**

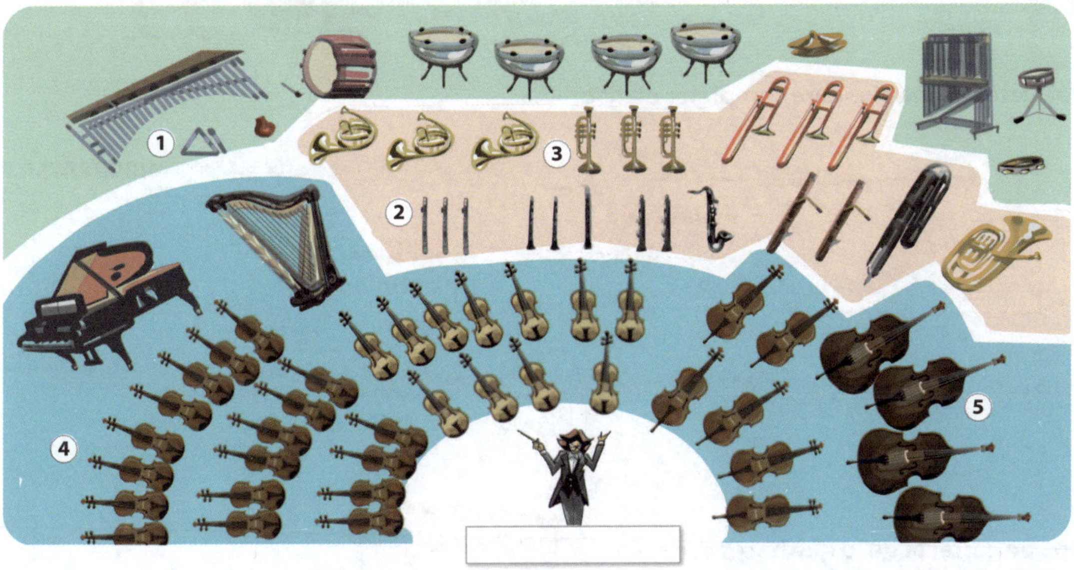

1 ____________
2 ____________
3 ____________
4 ____________
5 ____________

3 **Tacha la palabra que no corresponde a la serie.**

1 clarinete - flauta - triángulo - oboe
2 músico - director - pianista - orquesta
3 tuba - cuerdas - percusión - viento
4 viola - flauta - violín - contrabajo

4 (11) **Escucha y escribe los instrumentos que oyes.**

1 ____________ 2 ____________ 3 ____________ 4 ____________ 5 ____________

5 **Contesta a las siguientes preguntas.**

- ¿Tocas algún instrumento?
- ¿Qué instrumento te gustaría tocar? ¿Por qué?
- ¿Cuál crees que es el más difícil de tocar?

REFUERZO MI VOCABULARIO

Animales

1 **Relaciona los siguientes nombres de animales con su foto.**

pato • lagarto • canguro • abeja • conejo • tortuga • pingüino escarabajo • búho • rana • tigre • lobo • loro • hormiga

1

2

3

4

5

6

7

8

9

10

11

12

13

14

2 **Clasifica los animales del ejercicio anterior para completar el diagrama.**

ANIMALES

Aves
1 ____________
2 ____________
3 ____________
4 ____________

Insectos
1 ____________
2 ____________
3 ____________

Reptiles y anfibios
1 ____________
2 ____________
3 ____________

Mamíferos
1 ____________
2 ____________
3 ____________
4 ____________

Hábitos

3 **Lee el texto y elige la opción correcta de lo que haces cada día. Después, completa con información en los espacios en blanco.**

Todos los días de clase me levanto **tarde / temprano**, a las ____________. Primero **desayuno / me ducho / me lavo** y después **me lavo las manos / me ducho / desayuno**. Voy a clase **caminando / en bici / en autobús**. Por la tarde **estudio / juego / voy a clases de** ____________ y también ____________. Ceno a las ____________ y me acuesto **tarde / temprano**, a las ____________.

PARA RECORDAR

Escribe una frase de algo que haces cada mes del año.

En abril celebro mi cumpleaños.

____
____
____
____
____
____
____

4 **¿Cómo es un día de fin de semana? Escribe cinco diferencias.**

ALGO MÁS

AICLE Ciencias Naturales. Animales: página web del Zoo-Aquarium

1 Lee y escucha el texto. Añade un nuevo animal en cada grupo.

ANIMALES VERTEBRADOS

Todos tienen columna vertebral y huesos. Respiran con pulmones o branquias. Normalmente tienen cola y usan sus extremidades (patas o aletas) para moverse. Hay cinco tipos de vertebrados.

Mamíferos

Tienen pelo (salvo mamíferos acuáticos). Respiran con pulmones. Las crías nacen de sus madres y beben leche.

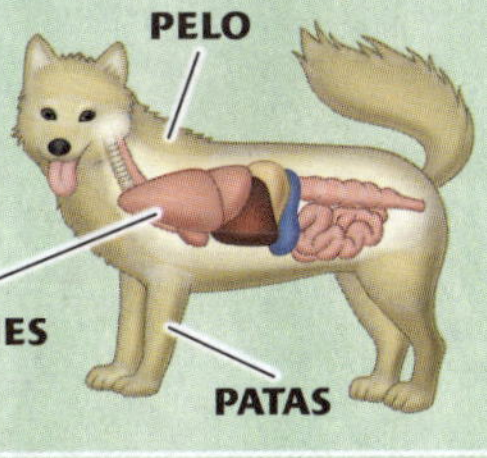

Peces

Viven en el agua y respiran a través de las branquias. Las crías nacen de huevos.

Aves

Viven en la tierra y la mayoría vuela. Tienen pulmones y nacen de huevos.

Anfibios

Viven en el agua y en la tierra. Respiran a través de pulmones. Las crías nacen de huevos.

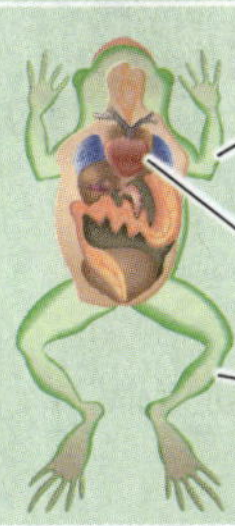

Reptiles

Viven en la tierra y tienen patas, salvo las serpientes. Tienen escamas y respiran por pulmones. Las crías nacen de huevos.

2 Señala con X si es verdadero.

	mamíferos	peces	aves	anfibios	reptiles
1 Nacen de huevos					
2 Tienen plumas					
3 No tienen patas					
4 Viven en el agua					
5 Tienen pulmones					
6 Son vertebrados					

3 ¿Conoces algún animal que...?

- es mamífero y pone huevos: ____________________
- es reptil y no tiene patas: ____________________
- es mamífero y tiene alas: ____________________
- es pez y vive en el mar y en el río: ____________________
- es ave y no tiene alas: ____________________
- es mamífero y vive en el mar: ____________________

REFUERZO MI VOCABULARIO

Partes del cuerpo

1 **Escribe las siguientes palabras en las etiquetas correspondientes.**

espalda • rodilla • hombro • cejas • cintura
frente • tobillo • pestañas • muñeca • codo

2 **Completa las frases con las partes del cuerpo.**

1 En la mitad de la pierna se encuentra la ____________.
2 Justo antes del pie tenemos el ____________.
3 El reloj se lleva puesto en la ____________.
4 Los brazos se unen con el cuerpo en los ____________.
5 La mochila la llevas en la ____________.
6 El ____________ te permite doblar el brazo.

PARA RECORDAR

Escribe las palabras anteriores y otras en el siguiente mapa mental.

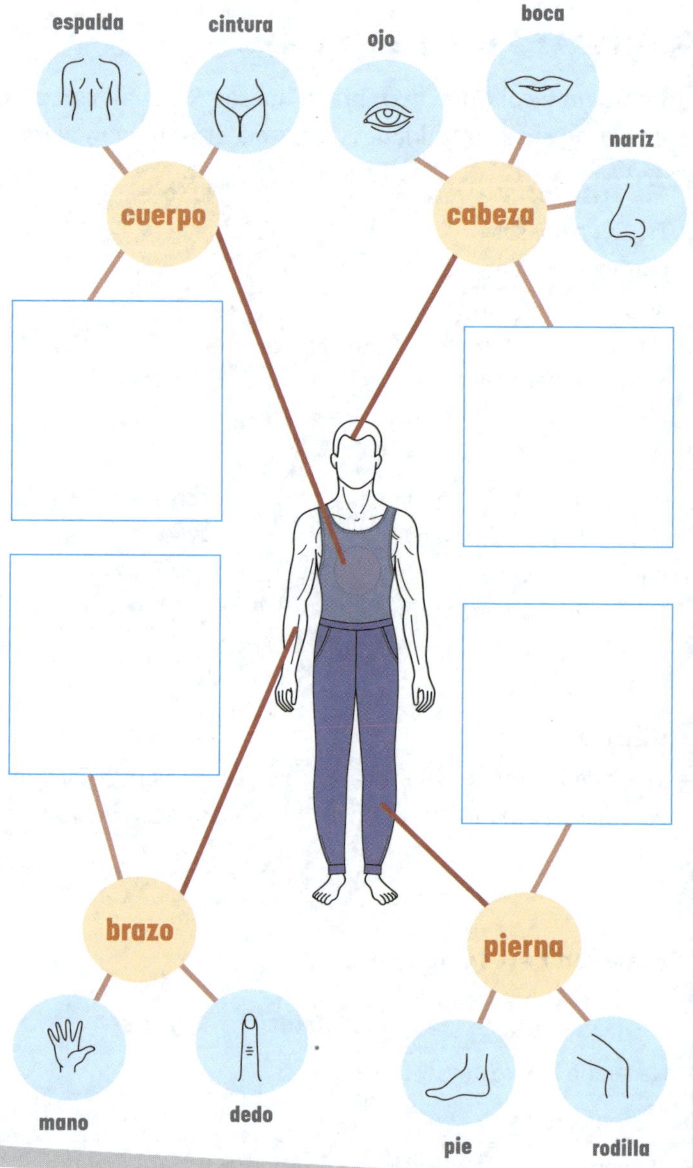

PARA RECORDAR

Escribe el nombre de un familiar, un amigo o una persona famosa que...

- es alto/a: ____________
- tiene bigote: ____________
- es calvo/-a: ____________
- es rubio/-a: ____________
- es bajo/-a: ____________
- es pelirrojo/-a: ____________

ALGO MÁS

AICLE Educación Física. Reglas de bádminton

1 **Lee y escucha el texto. Complétalo con las siguientes palabras.**

volante • red • set • raqueta

El bádminton es un deporte de [1] ______ en el que se enfrentan dos jugadores (individuales) o dos parejas (dobles) situadas en las mitades opuestas de una pista rectangular dividida por una red.
El bádminton se juega con raquetas de poco peso y un [2] ______ (formado por corcho y plumas).
Los jugadores deben golpear con sus raquetas el volante para que este cruce la pista por encima de la [3] ______. El punto finaliza cuando el volante toca el suelo.
En cada [4] ______, los jugadores puntúan, siempre que ganen el punto que estaban disputando.
El partido consta de 3 sets de veintiún puntos cada uno. Gana el jugador que consigue dos sets; el tercer set no se disputa si un jugador gana los dos primeros.

2 **Elige la respuesta correcta.**

1 El bádminton se juega con una **pelota / raqueta**.
2 La pista está dividida por una **red / raya**.
3 El partido consta de **tres / cinco** sets.
4 Cada set consta de **seis / veintiún** puntos.
5 Como en el tenis, hay partidos individuales y de **dobles / equipo**.

3 **Contesta a las siguientes preguntas.**

1 ¿Cuántos jugadores/-as juegan?
2 ¿De qué material está formado el volante?
3 ¿Cuándo finaliza el punto?
4 ¿Cuántos puntos se necesitan para ganar un set?

4 **Piensa en un deporte que practicas en Educación Física. Descríbeselo (normas, número de jugadores, equipos, forma de puntuar…) a tu compañero con el fin de que averigüe de qué deporte se trata.**

5 **Escribe el nombre de un deporte que...:**

1 se juega con raqueta: ______
2 se juega en equipo: ______
3 se juega en la nieve: ______
4 se juega en el agua: ______
5 se juega con las manos: ______
6 tiene portería: ______
7 necesita un motor: ______
8 se practica corriendo: ______

REFUERZO MI VOCABULARIO

La ropa

1 **Marta tiene tres viajes previstos: ayúdala a hacer 3 maletas con la ropa de su armario. Pon al menos 5 prendas en cada maleta.**

Fin de semana en la playa	
Viaje de estudios a Berlín en invierno	
Competición de baloncesto	

2 **Completa las frases con las siguientes palabras. Usa el diccionario si lo necesitas.**

bolso • gafas de sol • ~~pendientes~~ • anillo
coletero • cinturón • calcetines

Los *pendientes* se llevan en las orejas.

1 Tú llevas un ______________ en tu dedo.
2 Las ______________ protegen tus ojos del sol.
3 Yo siempre llevo un ______________ con mis vaqueros porque son demasiado grandes.
4 Para tener los pies calientes, ponte los ______________.
5 Siempre llevo el móvil y el monedero dentro del ______________.
6 Uso el ______________ para tener recogido el pelo.

3 **Mira lo que llevan Ana y Jorge en el dibujo y completa el texto con los nombres adecuados de los complementos.**

pulsera • diadema • gafas de sol • medias
gorra • cinturón • pendientes • collar

Ana y Jorge van a la fiesta de cumpleaños de Marina. Jorge se ha puesto su **[1]** ________ naranja y, como hace buen día, lleva también **[2]** ________, una **[3]** ________ en la muñeca y un **[4]** ________ con los vaqueros. Ana se ha puesto una **[5]** ________ de flores, un **[6]** ________, los **[7]** ________ de aros y las **[8]** ________ moradas que le regaló Marina.

4 **Contesta con tus propias respuestas.**

1 ¿Cuáles son tus complementos favoritos?
2 ¿Qué complementos sueles llevar al instituto?

PARA RECORDAR

Escribe dos prendas imprescindibles cuando:
- vas a la playa: ______________, ______________
- es invierno: ______________, ______________
- llueve: ______________, ______________
- vas a clase: ______________, ______________
- sales de fiesta: ______________, ______________
- vas de vacaciones a ______________: ______________, ______________

ALGO MÁS

AICLE Literatura. El realismo mágico

1 **Lee el texto y completa las frases con la información correcta.**

García Márquez y el realismo mágico

Gabriel García Márquez (1927-2014) fue un periodista y escritor colombiano mundialmente famoso que ganó el premio Nobel de Literatura en 1984. Fue principalmente autor de novelas (como *Cien años de soledad, El amor en los tiempos del cólera, Del amor y otros demonios*) y cuentos (como *Los funerales de la Mamá Grande, Doce cuentos peregrinos*).

García Márquez es uno de los principales representantes del realismo mágico, una propuesta que se caracteriza por introducir como algo normal elementos irreales o maravillosos (mágicos) en una historia de apariencia realista. Sorprende este estilo porque hace natural algo que es imposible en un tiempo y un lugar que pueden ser reales. Un ejemplo de qué es el realismo mágico lo ofrece el cuento "El rastro de tu sangre en la nieve": una pareja de recién casados viaja en coche de Madrid a París; ella se ha pinchado con una rosa y una pequeña gota de sangre sale continuamente de esa pequeña herida durante todo el viaje y él la lleva al hospital donde... ¿puedes imaginar el final?

La obra más conocida de García Márquez es *Cien años de soledad*, una de las novelas en español más leída (más de 30 millones de ejemplares vendidos), más traducidas (a 35 idiomas) y mejor valoradas (incluida en la lista de las 100 mejores novelas en español del siglo xx del periódico español *El Mundo*, en la lista de los 100 libros del siglo xx del diario francés *Le Monde* y en los 100 mejores libros de todos los tiempos del Club de libros de Noruega).

1 Gabriel García Márquez era ______________________.
2 En 1984 ganó el ______________________.
3 El realismo mágico hace natural lo que es ______________________.
4 Un ejemplo de realismo mágico es el cuento ______________________.
5 La obra más conocida de García Márquez es ______________________.

2 **Lee el texto de nuevo y contesta a las siguientes preguntas.**

1 ¿Dónde nació García Márquez?
2 ¿Cuáles son sus principales novelas?
3 ¿En qué consiste el realismo mágico?
4 ¿A cuántos idiomas se tradujo *Cien años de soledad*?
5 ¿Qué periódicos consideran esta obra una de las mejores novelas o libros del siglo xx?

3 **Termina brevemente la historia del cuento "El rastro de tu sangre en la nieve".**

Unidad 1 El *casting*

1 A Escribe la pregunta para cada respuesta.

1 • ______________________
▪ Me llamo Pablo Benegas.

2 • ______________________
▪ Con *be*.

3 • ______________________
▪ Bueno... bien, un poco nerviosa.

4 • ______________________
▪ De Madrid.

5 • ______________________
▪ Tengo trece años.

6 • ______________________
▪ 658 925 371.

1 B Mira ahora el vídeo del *casting* para *Compañeros* y comprueba si las preguntas que has escrito coinciden con las que aparecen en el vídeo.

2 ¿Quién es quién? Mira el vídeo y completa la siguiente tabla con los datos del vídeo.

			MARCOS	
Edad				17
Número de *casting*		4	5	
Ciudad de nacimiento		Madrid		
Profesión de la madre				
Profesión del padre	ingeniero			
Nacionalidad	mexicano			

3 A Pregunta a tres compañeros de clase y completa la ficha de cada uno.

1 Nombre: ______
Edad: ______
Teléfono: ______
Nacionalidad: ______
Asignatura favorita: ______
Le gusta: ______

2 Nombre: ______
Edad: ______
Teléfono: ______
Nacionalidad: ______
Asignatura favorita: ______
Le gusta: ______

3 Nombre: ______
Edad: ______
Teléfono: ______
Nacionalidad: ______
Asignatura favorita: ______
Le gusta: ______

3 B Elige a uno de los tres compañeros con los que has hablado y preséntaselo al resto de la clase, sin decir su nombre; los demás tienen que adivinar quién es.

Tiene 15 años, es...

Unidades 2 y 3 La familia de María

1 A Completa los textos utilizando los siguientes verbos.

ser (x2) • vivir • escribir • trabajar • llamarse (x2) • tener

Texto 1

El padre de María [1] ________ Carlos y su madre, Covadonga. Su padre [2] ________ ingeniero y su madre, periodista. [3] ________ dos hermanos. Sus abuelos, los padres de su padre, [4] ________ en un pueblo de Valencia.

Texto 2

Los padres de María [5] ________ Carlos y Alicia. Su padre [6] ________ en una farmacia y su madre [7] ________ libros. Tiene dos hermanas. Sus abuelos, los padres de su madre, [8] ________ muy mayores. Tiene varios primos.

1 B ¿Cuál de los dos textos crees que corresponde a la familia de María? Coméntalo con tu compañero.

2 Mira ahora el vídeo de la familia de María y comprueba tu hipótesis del apartado 1B.

3 Vuelve a mirar el vídeo y contesta a las preguntas.

1 ¿En qué calle vive Sonia?
____

2 ¿De dónde son los padres de Sonia?
____

3 ¿Cuál es la profesión del padre de Sonia?
____

4 ¿Cuál es la profesión de la madre de Sonia?
____

5 ¿Cuántas hermanas tiene Sonia?
____

6 ¿A dónde va María con sus primos?
____

7 ¿A qué hora empieza la película?
____

4 Sonia saluda a la madre de María con dos besos. ¿Tú saludas a alguien con besos? ¿Cuántos besos?

Yo solo doy besos a mis padres y...

Unidades 4 y 5 ¿Dónde está mi cámara?

1 **Algunas de las siguientes frases corresponden a la descripción de la casa de Pablo. Completa con *hay* y la forma correcta de los verbos *ser* y *estar*.**

1 En la habitación de Pablo ______ una cama grande.
2 El ordenador ______ delante de la mesa.
3 La lámpara ______ al lado del ordenador.
4 La mesa de la habitación de Pablo ______ blanca.
5 En el salón ______ dos lámparas.
6 El sofá ______ rojo.
7 En el salón ______ un baúl.
8 En el baúl ______ la cámara de Pablo.
9 En la habitación de la madre de Pablo ______ unos libros y ______ encima de la mesilla.
10 La cámara de Pablo ______ roja.

2 **Mira ahora el vídeo de la casa de Pablo y señala si las frases del ejercicio anterior son verdaderas (V) o falsas (F). Después, corrige las que sean falsas.**

1 ☐ ______
2 ☐ ______
3 ☐ ______
4 ☐ ______
5 ☐ ______
6 ☐ ______
7 ☐ ______
8 ☐ ______
9 ☐ ______
10 ☐ ______

3 **Vamos a volver a ver el vídeo. Escribe el orden de los lugares de la casa en los que Pablo busca su cámara. Hay tres lugares que no aparecen en el vídeo.**

El armario
Su habitación
La cocina
La terraza
El cuarto de baño
Los cajones
El cuarto de baño
El recibidor
La habitación de su hermana
La estantería
Debajo de la cama

1 ______
2 ______
3 ______
4 ______
5 ______
6 ______
7 ______
8 ______

4 **¿Tu casa es similar a la de Pablo? En parejas, explicad cómo es vuestra casa. Fíjate en el ejemplo.**

- *¿Tu casa es grande?*
- *No, no es muy grande, tiene…*
- *¿Tiene terraza?*
- *Sí, tiene una terraza muy grande.*

Unidades 6 y 7 La vida de Marcos

1 A **Fíjate en las imágenes del vídeo sobre la vida de Marcos y relaciona las siguientes actividades con la imagen correspondiente.**

Jugar al baloncesto • Comer en un restaurante • Ir al cine • Desayunar • Ir a la biblioteca
Levantarse temprano • Ir a comprar • ~~Coger el autobús~~

1 ______________

2 ______________

3 *Coger el autobús.*

4 ______________

5 ______________

6 ______________

7 ______________

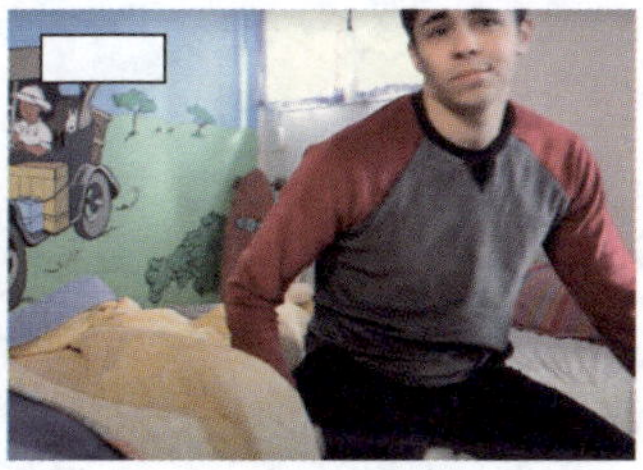

8 ______________

1 B **En las imágenes del apartado 1A, señala las actividades que crees que Marcos hace durante la semana (S) y las que crees que hace el fin de semana (FS). Coméntalo con tu compañero.**

2 **Mira el vídeo y comprueba si son correctas tus respuestas del apartado 1B.**

3 **Vuelve a mirar el vídeo y contesta a las siguientes preguntas.**

1 ¿Quién despierta a Marcos por la mañana? ______________
2 ¿A qué hora empieza a trabajar su madre? ______________
3 ¿Quién prepara el desayuno? ______________
4 ¿Qué desayuna su padre? ______________
5 ¿Qué desayuna Marcos? ______________
6 ¿Qué horario de clases tiene Marcos? ______________
7 ¿Cuántas veces va a comprar con su madre? ______________
8 ¿En qué parte de la casa cena con su padre? ______________
9 ¿A dónde va algunos domingos con sus padres? ______________
10 ¿Qué hace durante las vacaciones? ______________

4 **Vas a hacer un cuestionario a tu compañero para saber si su vida es similar a la de Marcos. Antes tienes que escribir las preguntas que quieres hacerle. Fíjate en el ejemplo.**

¿Con quién desayunas? ¿Qué desayunas?

Unidades 8 y 9 ¿Qué me pongo?

1 **¿Cómo es tu armario? ¿Qué ropa hay en él? ¿Dónde compras la ropa normalmente? Coméntalo con tus compañeros.**

- *En mi habitación hay un armario grande que compartimos mi hermana y yo. Tengo muchas camisetas blancas, porque me gusta mucho el blanco. También tengo varios vaqueros…*
- *Pues yo tengo un armario pequeño, porque tengo poca ropa. También me gustan los vaqueros, y las camisetas de muchos colores…*

2 **Mira el vídeo y señala si las siguientes frases son verdaderas (V) o falsas (F). Después, corrige las falsas.**

1 ☐ María fue con su familia al cine. ______
2 ☐ A Sonia no le gusta el color del primer vestido. ______
3 ☐ A María le gusta más el deporte que las fiestas. ______
4 ☐ A Sonia le gustan los vaqueros y la camiseta para ir a la fiesta. ______
5 ☐ María prefiere las botas a los zapatos. ______
6 ☐ A Sonia no le gustan los zapatos. ______
7 ☐ María va a la fiesta con Rodrigo. ______
8 ☐ Rodrigo va a buscar a María a su casa. ______
9 ☐ Rodrigo lleva un traje. ______

3 **Vuelve a ver el vídeo y contesta a las siguientes preguntas. Después, coméntalo con tu compañero.**

1 ¿Te gusta cómo van vestidos María y Rodrigo para la fiesta? ______
2 ¿Qué otra ropa pueden ponerse María y Rodrigo para ir a la fiesta? ______
3 ¿Te gusta cómo va vestida Sonia? ______

4 **Comenta con tus compañeros qué ropa te gusta ponerte para las siguientes situaciones.**

Ir a una fiesta | Ir a una boda | Ir a clase | Ir a la playa | Salir con tus amigos

5 **Piensa cuándo fue la última vez que hiciste estas cosas. Completa la tabla, siguiendo el ejemplo, y después, pregúntale a tus compañeros.**

¿Cuándo fue la última vez que…?	¿Cuándo?	¿Con quién?	¿Dónde?	¿Qué te ropa te pusiste?
Ir a una fiesta	*Fue hace un mes, en el cumpleaños de mi primo.*	*Fui con mis hermanos.*	*En casa de mi primo, estuvimos en el jardín.*	*Unos vaqueros negros y una camisa verde.*
Ir a una boda				
Ir a un concierto				
Ir al cine				
Ir a la playa				

- *¿Cuándo fue la última vez que fuiste a una fiesta?*
- *Fue hace un mes, en el cumpleaños de mi primo.*

TRANSCRIPCIONES

UNIDAD 1 ¡Hola!

DESTREZAS

Ejercicio 3

1 ¡Hola!, ¿qué tal? Yo me llamo Juan y tengo catorce años. Mi número de teléfono es el nueve tres, cuatro cinco nueve, dos ocho, tres nueve.

2 Marcelo es mi compañero, tiene trece años y su número de teléfono es el nueve tres, dos siete cuatro, seis tres, dos seis.

3 Daniel Martínez es profesor de judo, tiene diecinueve años. Su número de teléfono es el nueve tres, cuatro dos siete, ocho tres, nueve dos.

UNIDAD 2 Países de habla hispana

DESTREZAS

Ejercicio 3

RAQUEL: ¡Hola! Me llamo Raquel. ¿Y tú?
TOMÁS: ¡Hola! Me llamo Tomás.
RAQUEL: ¿Cuántos años tienes?
TOMÁS: Tengo doce. ¿Y tú?
RAQUEL: Trece.
TOMÁS: ¿Cuál es tu asignatura favorita?
RAQUEL: Las Matemáticas. ¿Y la tuya?
TOMÁS: La Educación Física.
RAQUEL: ¿Y cuál es tu deporte favorito?
TOMÁS: El tenis.
RAQUEL: ¿Qué días hay Educación Física en tu clase?
TOMÁS: Los lunes y los viernes.
RAQUEL: ¿Cuál es tu comida favorita?
TOMÁS: La *pizza*.
RAQUEL: ¡Uhmm! La mía también.

UNIDAD 3 La familia

DESTREZAS

Ejercicio 2

CRISTINA: ¡Hola! Me llamo Cristina.
GABI: ¡Hola! ¿Qué tal? Yo me llamo Gabi.
CRISTINA: ¿Eres madrileño?
GABI: Sí. Y tú, ¿de dónde eres?
CRISTINA: Soy de Valencia y vivo con mis padres y mis abuelos.
GABI: ¿No tienes hermanos?
CRISTINA: No, no tengo. Y tú, ¿con quién vives?
GABI: Vivo con mi madre y mi hermana.
CRISTINA: ¿Bailamos?
GABI: Vale, pero bailo muy mal.
CRISTINA: No importa, vamos.

UNIDAD 4 Comidas y bebidas

DESTREZAS

Ejercicio 3

CRISTINA: Jorge, ¿compramos manzanas?
JORGE: No, ya tenemos manzanas. Mejor compramos plátanos. Mamá también quiere queso, azúcar…
CRISTINA: ¿Y patatas?
JORGE: No, patatas no, porque ya hay.
CRISTINA: Ah, bueno, entonces falta pan, leche y cebollas.
JORGE: Y helado.
CRISTINA: Vale, y helado.

UNIDAD 5 ¿Dónde están las llaves?

DESTREZAS

Ejercicio 4

ANA: ¡Hola, Andrés!
ANDRÉS: ¡Hola, Ana! ¿Dónde estás?
ANA: Estoy en la granja de mis abuelos.
ANDRÉS: ¿Dónde está?
ANA: Está cerca del mar.
ANDRÉS: ¿Te gusta la granja?
ANA: Sí, es muy divertida. Hay muchos animales.
ANDRÉS: ¿Cómo es la casa?
ANA: Es muy grande. Tiene nueve habitaciones.
ANDRÉS: ¿Nueve habitaciones?
ANA: Sí, tiene una cocina, un comedor, un salón, cuatro dormitorios y dos cuartos de baño.
ANDRÉS: ¿Cuándo regresas?
ANA: El próximo fin de semana.
ANDRÉS: Vale, pues nos vemos a la vuelta.
ANA: ¡Hasta pronto, Andrés!

UNIDAD 6 ¿A dónde vas?

DESTREZAS

Ejercicio 3

Vivo en Arévalo con mis padres y mi hermano. Es un pueblo muy bonito. Tiene edificios muy antiguos. Hay cinco iglesias y la más antigua se llama San Miguel. También hay un instituto donde yo estudio. Además están las cosas normales en un pueblo: un parque, dos farmacias, muchos bancos… Mi pueblo es muy conocido por sus famosos restaurantes. Lo que no tenemos es ni hospital, ni museo. La estación de tren está a las afueras del pueblo. También hay una estación de autobuses. Mi pueblo tiene un defecto: no tiene un buen equipo de fútbol.

UNIDAD 7 Hábitos

DESTREZAS

Ejercicio 3

ENTREVISTADORA: ¡Hola, Juan! ¿Qué tal? Vamos a hablar sobre tu trabajo. ¿A qué hora te levantas normalmente?
JUAN: Normalmente trabajo por la mañana y me levanto a las cinco. Trabajo todos los días desde las seis hasta las dos de la tarde.
ENTREVISTADORA: ¿Y los domingos?
JUAN: Sí, los domingos también trabajo, pero tengo un día libre a la semana, los miércoles.
ENTREVISTADORA: ¿Dónde trabajas?
JUAN: Trabajo en una comisaría de Madrid. A veces salgo de la comisaría y voy en el coche patrulla para controlar el tráfico.
ENTREVISTADORA: ¿A qué hora vuelves a tu casa?
JUAN: A las tres.
ENTREVISTADORA: ¿Tienes hijos?
JUAN: Sí, tengo un hijo de doce años y una hija de diez.
ENTREVISTADORA: La última pregunta, ¿te gusta tu trabajo?
JUAN: La verdad es que me gusta mucho.
ENTREVISTADORA: Gracias, Juan.

UNIDAD 8 Descripciones

DESTREZAS

Ejercicios 2 y 3

PALOMA: ¿Sabes que acabo de conocer al novio de mi hermana?
ÁNGELA: ¿Sí? ¿Y qué tal es? ¿Cómo se llama?
PALOMA: Se llama Enrique. No habla mucho. Parece un poco serio.
ÁNGELA: ¿Pero es guapo?
PALOMA: ¡Ya lo creo! Es muy alto, mide más de uno noventa y tiene el pelo rubio.
ÁNGELA: ¿Juega al baloncesto?
PALOMA: No, creo que juega muy bien al tenis.
ÁNGELA: ¿De qué color tiene los ojos?
PALOMA: No estoy segura, pero creo que son azules.
ÁNGELA: O sea que no le encuentras ningún defecto.
PALOMA: Bueno, está demasiado delgado para mi gusto.
ÁNGELA: Podemos hacer una barbacoa en mi casa e invitarles a comer. Así le conozco.
PALOMA: Va a ser un poco difícil porque es vegetariano.

UNIDAD 9 **La ropa**

DESTREZAS

Ejercicio 3

MARTA: ¡Hola, Luis!
LUIS: ¡Hola, Marta! ¿Qué tal el fin de semana?
MARTA: Bien. El sábado fui de excursión a Barcelona.
LUIS: ¿Sí? ¡Qué bien! ¿Con quién fuiste?
MARTA: Con mis primos y mi tío Juanjo.
LUIS: ¿Y qué tal? ¿Dónde estuvisteis?
MARTA: Pues, primero, por la mañana, fuimos al puerto. Es bastante grande y muy moderno. Luego fuimos a la catedral y al Barrio Gótico, y después de comer fuimos a ver la Sagrada Familia, ya sabes, la iglesia de Gaudí.
LUIS: ¡Vaya! ¿Y no fuisteis al campo de fútbol del Barcelona?
MARTA: No, Luis, a mi tío no le gusta el fútbol, así que me quedé sin verlo.

Apéndice

ALGO MÁS

UNIDAD 2 **Países de habla hispana**

Ejercicio 2

primero; segundo; tercero; cuarto; quinto; sexto; séptimo; octavo; noveno; décimo

UNIDAD 6 **¿A dónde vas?**

Ejercicio 4

1 [trompeta]; **2** [violín]; 3 [batería]; 4 [flauta]; **5** [piano]

UNIDAD 7 **Hábitos**

Ejercicio 1

Animales vertebrados

Todos tienen columna vertebral y huesos. Respiran con pulmones o branquias. Normalmente tienen cola y usan sus extremidades (patas o aletas) para moverse. Hay cinco tipos de vertebrados.

- **Mamíferos** - Tienen pelo (salvo mamíferos acuáticos). Respiran con pulmones. Las crías nacen de sus madres y beben leche.
- **Peces** - Viven en el agua y respiran a través de las branquias. Las crías nacen de huevos.
- **Aves** - Viven en la tierra y la mayoría vuela. Tienen pulmones y nacen de huevos.
- **Anfibios** - Viven en el agua y en la tierra. Respiran a través de pulmones. Las crías nacen de huevos.
- **Reptiles** - Viven en la tierra y tienen patas, salvo las serpientes. Tienen escamas y respiran por pulmones. Las crías nacen de huevos.

UNIDAD 8 **Descripciones**

Ejercicio 1

El bádminton es un deporte de raqueta en el que se enfrentan dos jugadores (individuales) o dos parejas (dobles) situadas en las mitades opuestas de una pista rectangular dividida por una red.
El bádminton se juega con raquetas de poco peso y un volante (formado por corcho y plumas).
Los jugadores deben golpear con sus raquetas el volante para que este cruce la pista por encima de la red. El punto finaliza cuando el volante toca el suelo.
En cada set, los jugadores puntúan, siempre que ganen el punto que estaban disputando. El partido consta de tres sets de veintiún puntos cada uno. Gana el jugador que consigue dos sets; el tercer set no se disputa si un jugador gana los dos primeros.

VÍDEOS

UNIDAD 1 **El *casting***

PALOMA: Hola, soy Paloma. Y tú, ¿cómo te llamas?
PABLO: Me llamo Pablo Benegas.
PALOMA: ¿Con *be* o con *uve*?
PABLO: Con *be*.
PALOMA: Eres el número uno.
PALOMA: Hola. ¿Qué tal estás?
MARÍA: Bueno… bien, un poco nerviosa.
PALOMA: ¿Y de dónde eres?
MARÍA: De Madrid.
PALOMA: ¿Cuántos años tienes?
MARÍA: Tengo trece años.
MARCOS: ¿Tienes un bolígrafo?
SONIA: Sí.
SONIA: Soy Sonia. Y tú, ¿cómo te llamas?
MARCOS: Yo me llamo Marcos.
MARCOS: ¿Qué número tienes?
SONIA: El seis.
MARCOS: ¿Y cuál es tu número de teléfono?
PALOMA: ¿Cuál es tu número de teléfono?
SONIA: Seis, cinco, ocho, nueve, dos, cinco, tres, siete, uno.
MARCOS: Lo tengo. ¡Gracias!
ALFONSO: Buenos días.
PABLO: Buenos días.
ALFONSO: Soy Alfonso, el director de *casting* de esta serie. Tú eres Pablo Benegas. Tu padre es ingeniero, tu madre periodista y tienes dos hermanas. ¿Cuántos años tienes?
PABLO: Tengo catorce años.
MARÍA: Tengo trece años.
SONIA: Tengo diecisiete años.
ALFONSO: ¿Eres deportista?
MARÍA: Sí, soy campeona de *hockey*.
ALFONSO: ¿Eres español?
PABLO: No. Soy mexicano.
ALFONSO: ¿Cómo te llamas?
MARÍA: Me llamo María.
ALFONSO: El cuatro, el seis, el cinco y el uno. Muy bien, chicos.

UNIDADES 2 Y 3 **La familia de María**

MARÍA: Perdona, ¿me puedes decir la hora?
HOMBRE: Las doce y cuarto.
MARÍA: Vale. Gracias.
SONIA: Perdona por el retraso.
MARÍA: No pasa nada. Si quieres vamos a mi casa y te presento a mi familia.
SONIA: Vale. ¿Cómo se llaman tus padres?
MARÍA: Mi padre se llama Carlos y mi madre se llama Alicia. Bueno, mi padre trabaja aquí en la farmacia. Si quieres entramos…
SONIA: ¡Ah! ¿Es farmacéutico?
MARÍA: Sí. Entramos y te lo presento.
SONIA: Vale.
MARÍA: Vamos.
MARÍA: ¡Hola, papá! Esta es Sonia, una compañera de la serie.
CARLOS: Hola, Sonia. ¿Qué tal?
SONIA: Hola.
MARÍA: También vive por aquí, por el barrio.
CARLOS: ¿Vives por aquí cerca?
SONIA: Sí, vivo aquí al lado, en la calle Huertas.
CARLOS: Muy bien. Pues nos vemos en casa.
MARÍA: Bueno, ¡hasta luego!
SONIA: Adiós.
CARLOS: Hasta luego.
MARÍA: Sonia, esta es mi madre.
SONIA: Hola. Encantada de conocerla.
ALICIA: Lo mismo digo. ¿Eres de aquí?
SONIA: Sí. Yo soy de Madrid, pero mis padres son venezolanos.
MARÍA: Mi madre es escritora.
SONIA: Mis padres tienen un restaurante. Mi padre es el cocinero y mi madre la camarera.
MARÍA: Bueno, nos vamos a mi cuarto, ¿vale?
ALICIA: Vale. Muy bien.
SONIA: ¡Adiós!
ALICIA: Adiós.
SONIA: ¿Estos son tus abuelos?
MARÍA: Sí. Son muy mayores. Son los padres de mi madre. Viven en un pueblo de Alicante con sus dos perros.
SONIA: ¿Y cuántos hermanos tienes?
MARÍA: Tengo dos hermanas. ¡Ah! Celia, esta es Sonia, mi amiga.
CELIA: Hola Sonia. ¿Cuántos hermanos tienes?
SONIA: ¡Uf! Tengo tres hermanos: dos chicos y una chica.
CELIA: Estos son mis primos.
MARÍA: Hoy voy al cine con ellos. ¿Te vienes?
SONIA: ¿A qué hora es la película?
CELIA: A las cuatro y media.
MARÍA: ¿Tú también vas?
CELIA: ¡Claro! También son mis primos.

UNIDADES 4 Y 5 **¿Dónde está mi cámara?**

PABLO: ¡Aquí no está!
PABLO: Mamá, ¿sabes dónde está mi cámara de fotos?
MADRE: En tu cuarto.
PABLO: No, mamá. En mi cuarto no está.
MADRE: ¿Y en la estantería?
PABLO: Aquí no está.
MADRE: ¿Y dentro de esos cajones?
PABLO: Aquí tampoco está.
PABLO: ¿Qué hay en el baúl?
MADRE: En el baúl están las cosas de tus abuelos.
PABLO: ¡En el salón no está!
MADRE: Mira si está en mi habitación.
PABLO: Dentro de este armario no está.
PABLO: Encima de este mueble, tampoco.
PABLO: Debajo de la cama no está.
PABLO: ¿Dónde está mi cámara?
PABLO: Aquí no está.
PABLO: ¡Aquí tampoco está mi cámara.
PABLO: ¡La cámara no está en casa!
MADRE: ¿Cómo es?
PABLO: Es pequeña, roja y está dentro de una funda negra.
MADRE: Mira si está en el cuarto de tu hermana.

UNIDADES 6 Y 7 **La vida de Marcos**

MADRE: ¡Hora de levantarse!
MARCOS: Esta es la rutina de mi familia. Cuando mi madre se acuesta, mi padre se levanta. Mi madre trabaja en un hospital. Tiene horario nocturno. Su turno empieza a las diez de la noche. Vuelve a casa a las siete de la mañana y nos despierta a todos.
MADRE: ¡Buenos días!
MARCOS: Mi padre se levanta primero. Va a la cocina, prepara el desayuno y después se ducha. Antes de salir de casa, se toma varios cafés. Uno cuando se levanta y otro cuando desayuna conmigo a las ocho. No me gusta levantarme. Necesito mi leche con chocolate para despertarme. Mi padre trabaja en una oficina. Su horario es de nueve de la mañana a seis de la tarde. A las ocho y media voy a la parada del autobús para ir al instituto. Las clases comienzan a las nueve. Vuelvo del instituto a las tres y como con mi madre. Por la tarde hago los deberes, deporte o voy a estudiar a la biblioteca. Y una vez a la semana hago la compra con mi madre. Ceno con mi padre a las nueve de la noche. Es un buen momento del día porque hablamos de nuestras cosas. El sábado salgo con mis amigos. Vamos al parque, al cine y a jugar al baloncesto. Los domingos salimos a caminar al campo. Normalmente llevamos algunos bocadillos para comer al aire libre.
Algunos domingos voy con mis padres a algún museo y después comemos en un restaurante. Julio es mi mes preferido. Estoy de vacaciones y normalmente voy al pueblo de mis abuelos.

UNIDADES 8 Y 9 **¿Qué me pongo?**

SONIA: ¡Hola!
MARÍA: ¡Hola!
SONIA: ¿Qué tal? ¿Dónde estuviste ayer? Te llamé, pero nada.
MARÍA: Estuve en el cine.
SONIA: ¿Y con quién fuiste?
MARÍA: Con mi abuela y una prima. Hoy es la fiesta del curso y no sé qué ponerme. ¿Te gusta este vestido?
SONIA: Es bonito, pero no me gusta el color. No es de fiesta.
MARÍA: ¿Me ayudas a elegir qué me pongo?
SONIA: ¡Claro! Para eso estoy aquí, ¿no?
MARÍA: Es que no me gustan las fiestas, prefiero hacer deporte.
SONIA: Seguro que te diviertes. Vamos a ver qué hay en tu armario. ¿Y… este vestido negro?
MARÍA: No sé.
SONIA: ¡Es precioso!
MARÍA: ¿Y… si mejor me pongo estos vaqueros verdes y esta camiseta?
SONIA: No sé… ¿Para una fiesta? ¿Por qué no te lo pruebas?
SONIA: ¡Estás guapísima! Y pruébate estos zapatos.
MARÍA: Mejor estas botas negras, ¿no?
SONIA: ¡No pegan nada! Con el vestido quedan mejor los zapatos.
MARÍA: ¡Vale! Me pongo el vestido y los zapatos.
SONIA: ¡Estás guapísima!
RODRIGO: ¿Estás preparada?
MARÍA: Sí. ¿Dónde quedamos?
RODRIGO: ¿Nos vemos a las ocho en la parada del autobús?
MARÍA: Vale. Adiós.
SONIA: Así que hay un chico, ¿eh? ¡Seguro que va muy elegante!
RODRIGO: ¡Hola!
MARÍA: ¡Hola!
SONIA: ¡Hola!
MARÍA: ¿Vas así a la fiesta?
RODRIGO: ¡Claro!